中詮

［明］汪應蛟 著

［明］萬曆四十六年刊

江蘇大學出版社
JIANGSU UNIVERSITY PRESS
鎮江

圖書在版編目（CIP）數據

中詮 / (明) 汪應蛟著. — 影印本. — 鎮江 : 江蘇大學出版社, 2018. 5
ISBN 978-7-5684-0833-2

Ⅰ. ①中… Ⅱ. ①汪… Ⅲ. ①儒學 Ⅳ. ①B222

中國版本圖書館 CIP 數據核字 (2018) 第 122423 號

中詮

著　　者/［明］汪應蛟
責任編輯/吳小娟
出版發行/江蘇大學出版社
地　　址/江蘇省鎮江市夢溪園巷 30 號（郵編：212003）
電　　話/0511-84446464（傳真）
網　　址/http://press.ujs.edu.cn
印　　刷/北京虎彩文化傳播有限公司
開　　本/850mm×1168mm　1/16
總 印 張/36.25
總 字 數/140 千字
版　　次/2018 年 5 月第 1 版　2018 年 5 月第 1 次印刷
書　　號/ISBN 978-7-5684-0833-2
定　　價/900. 00 元

出版説明

人是一種會思想的動物，無論是爲了適應環境，克服生存的困難，抑或爲了生活得更有意義，思想皆不可或缺。在一般的中文習慣中，思想的涵義比『哲學』更寬泛，這種語用習慣的差异，也影響到學者對學術視野的選擇。一般而論，思想史的範圍也較哲學史爲廣闊，雖然很少得到清晰地界定，但它不失爲一種有效的學術視野。

在近代中國學術史上，思想史研究的興起與哲學史大約同時。一九〇二年三月，梁任公在其創辦的《新民叢報》上連續發表了《論中國學術思想變遷之大勢》系列論文，這可能是最早由國人撰著發表的思想史論文。而第一本由國人撰寫的中国古代哲學通史，則爲一九一六年謝無量的《中國哲學史》。這兩本早期著述有其學術史的意義，但其中對學科的性質與研究方法等多無明確的説明。事實上，無論是學者的闡述，還是其實際的操作，在思想史與哲學史之間都不易劃出清晰的界限，直到當代也仍然如此。抛開細節不論，就語用習慣及有關實踐而言，思想史表徵一種對歷史文化廣闊而深入的關照，其研究方法，關注的問題，都較哲學史爲多元，史料基礎也不可同日而語。尤其是在郭沫若、侯外廬等人建立起來的研究傳統中，思想史有明确的社會史取向，或因其與傳統的文史之學有親和性，以至在今天，這種思路仍然很有生命力。

文獻發掘向來是思想史研究的基本環節。爲了促進有關研究，我們選輯多種文本編爲『中國古代思想史珍本文獻叢刊』。全編選目包括經典文本，如儒、道二家的經解，重要思想家作品的早期刻本，和某些并不廣泛受到關注的作家文集的舊刻本。本編中也選録了數種反映古代民俗信仰的文獻，如《關聖帝君聖跡圖志》等。這些文本在傳統的學術視野中，多以爲不登大雅之堂，在今日視之，或者正因其反映了古代社會一般的信仰氛圍，而有重要的文本價值。此外，本編也著意收録了數種通常被視爲藝術史史料的文本，如《寶綸堂集》、《徐文長文集》等，我們認爲對思想史關注而言，範圍與深度同樣重要。

選輯本編，也有文獻學上的意圖。中國古代有悠久的文獻學傳統，大量古籍文本的傳刻與整理造就了古代中國輝煌的古籍文化。本編收録的這些刻本不僅是古代學術發生、衍變的物質證據，也是古代古籍文化的重要部分。本編所收録的全部作品皆爲彩版影印，最大限度地保存了文獻的細節。其中有部分殘卷，視具體情况，或者補配，或者一仍其舊。本編的選目受制於編者的認識與底本資源，或者有不妥、不備之處，希望讀者不吝指正。

目録（六卷）

萬曆戊午年鐫

新安汪登原手著

中詮

敬[illegible][illegible]藏板

中詮序

新安後學畢懋康孟侯撰

昔徐幹著中論王通著中說幹詞人之流在建安七子中獨爲澹素有箕潁之操而于道未必有所窺通教授河汾以道術自

命著書擬經効顰唐宋六籍
奴婢之嘲些來可輕以中之一
字許之者夫中之為義闡自唐
虞歷禹湯文武周公孔子而來
有以易也原乎帝降介在危微
擱神明以定模通古今以闡顯

高者下之卑者舉之饒者取之
饕者與之見而知之者智也視
而愛之者仁也斷而決之者勇
也能以偶物者通也無所繫較
者時也圖方相研剛柔相干窮
變通久流止無定是以亢物操

之其中則足以兼隅操之其隅
則不足以兼中宣尼嘆其至德
子思歸以大本皆是物也倚之
則為朱翟執之則為子莫中豈
可以褻敢為哉吾郡大司徒汪
發源先生潛心斯道繼以年歲

力學力行稱戴陽墨守著述甚
富而中詮一書尤其以心得為
名理者也其精以闡發性命淵
則樞軸經濟其緒餘旁及千古
上下六合內外本地風光絕無
依傍六經註我象註六經以此

詮中其十六字之羽翼而鄒魯
濂洛之嫡傳乎先生立朝風節
猷勞蹟絶一世非徧材曲學模
稜兩端者可幾萬一蓋其學問
根柢確有實際微言未絶以是
編爲先生心印可也

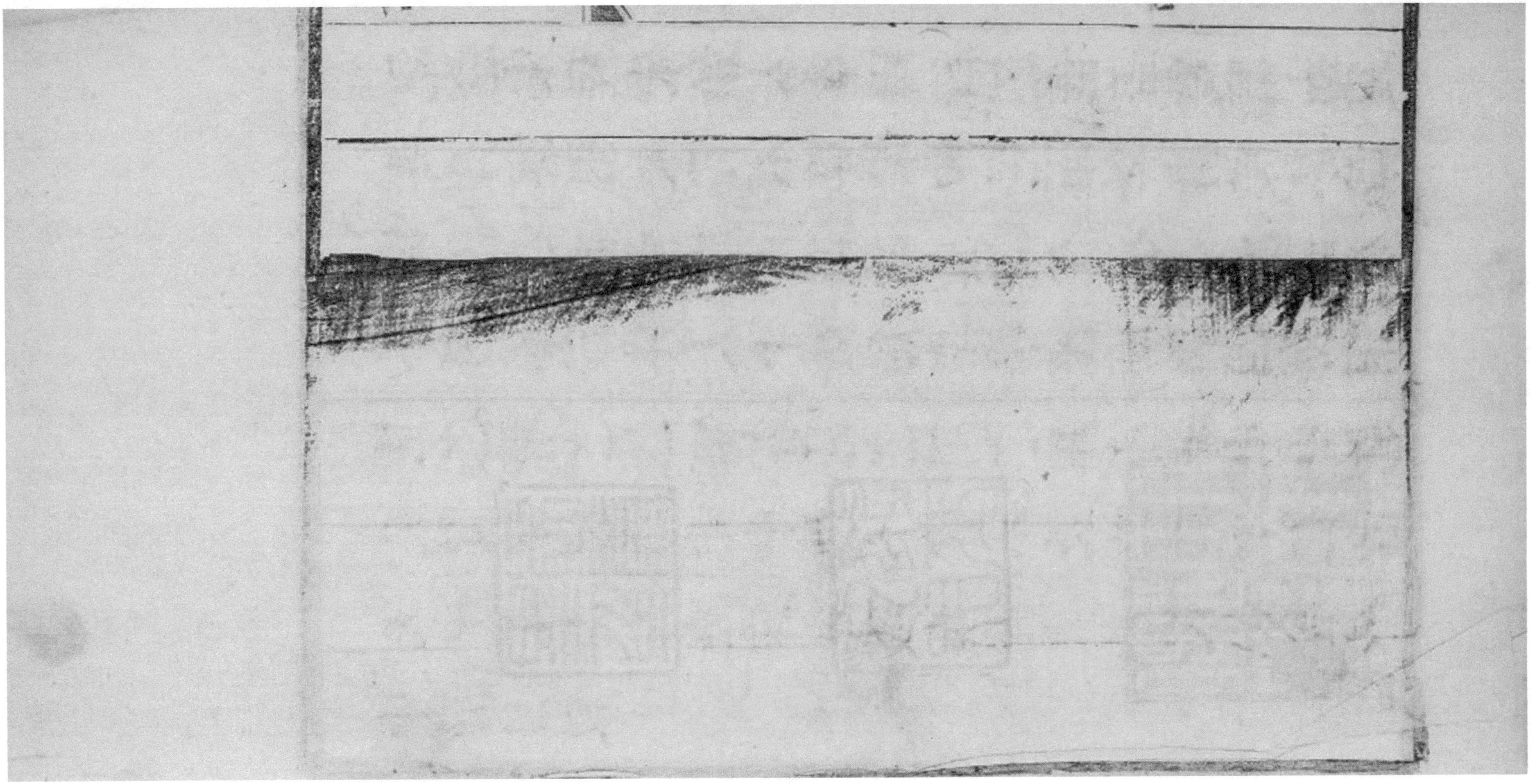

中詮自叙

夫中非創自堯舜也維皇降衷於民恒性然矣賢知過焉非中愚不肖不及焉非中仁者見之謂之仁知者見之謂之知亦非中中道不明不行於天下微獨聖學湮晦將四海困窮因之此中庸所爲繼典謨作也秦漢而後英君察相未嘗不尊崇仲尼而學庸襍於戴記迨宋程朱始表章以行於世盖幾晦而復

明矣
聖朝御極道脉中天學者皆遵功令由濂洛關閩上遡洙泗可謂一德同風乃人心好異賢知之士或陰獵莊釋遺緒忝其澀論至謂誠敬爲贅爲外鑠誠敬亡則中亡也是堯舜仲尼可弁髦也生於心害於政禍不與淸談並烈者幾希予自弱冠聞學見語空妙者殊扞格不能入然沉潛體驗未敢易其言年近四

十覺豁然有所自信適里居默坐一小樓思慮所至輒筆識之間念及古今得失之故亦併錄焉已復出山荏苒簿書十餘載比省侍還里自菽水風木愉戚外暇則復理舊業未嘗敢懈寔藉此檢身戢志以希寡過非敢謂立言垂世也今奄奄老至矣爰蒐輯成帙令兒輩繕寫數本將就正於海內二三有道初以獨言名篇謂考槃獨寤人莫有予和者顧予非

能爲臆說堯舜仲尼之言如是予誦述敷繹
焉耳有道君子寧無志相亮而聲相應乃更
以中詮名昔孟氏當楊墨橫流獨持空言爲
砥柱曰守先王之道以待後學曰閑先聖之
道以息邪說蓋自任如此重也媿予謭陋何
敢望孟氏萬一閑則吾不能守而勿失竊有
志焉世或以言之同獨知我罪我所弗辭矣
萬曆戊午夏四月丁酉新安汪應蛟書

汪子中詮卷一

萬曆丁亥戊子集辛丑秋巳刻於恒山公署

人心心也道心性也操舍存亡無定在不亦危乎民彝帝則不能加損毫末不亦微乎中也者精微之極也精而擇之孰持衡是一而守之孰握樞是故盡其心之知者所以知性存其心所以養性

仁義禮智性也心之德也發揮於萬物而後性體見焉以物則言秉彝者眞知性命之情矣性藏用物顯仁性其帝乎心其宮闕乎物則萬方臣庶乎性通於物而格物卽所以知性其猶帝臨萬方乎萬方克綏位乃不疚

人有心無耳目手足可乎曰痿矣有耳目手足無心可乎曰迷矣覇也迷釋也痿

夫聰育萬物仁也宰斷之各正其性義也尊卑貴賤有體禮也是是非非智也是謂明明德於天下

內之聽明以有所聞見則發外之聞見必心所同然則入故知在心者莫非物也匪物其知虛寂矣知在物者莫非性也匪性與物扞格矣故孟氏之良知非禪覺也大學之格物非狥象也明此者可與窮理可與盡性

性一也謂有天地之性有氣質之性者過也人之生

也氣以成形性寓於氣氣有淳漓淸濁故其具性
有偏全譬之太陽中天明一也寓之於廖廓則炳
炳然寓之於庭屋則融融然寓之於窔奥屋漏則
濛濛然其所寓殊也故曰未有不明者也性未有
不善者也有不善氣質之氣質非性也然則孟
氏言聲色臭味性也非歟曰情慾也謂之性猶恒
言情性云耳與天地之性並言者過也
性宰氣者也亦制於氣與曰奚爲不然貞元會則聖
喆生光岳分則賢俊乏治世民醇亂世民暴夫性
寓於氣成於習久矣君子格物以知之持敬以養

之盡性至命不言氣習
大學總聖經之條貫也故始格致中庸極性命之精
微也故首戒懼慎獨誠正遏極於性矣明善固
執履端於知矣夫道貫上下學無精粗脩身理人
曰學之大也盡性合天謂之中庸也其命名也深
乎
空有火麗物則明心有性麗物則顯故曰形色天性
曰物則民之秉彝曰萬物皆備於我火傳於薪所
傳者火也然匪薪則火熄矣性幸於物所幸者性
也然匪物則性滅矣夫火之在空中者雖泽水弗

能熄性之在人心者雖邪說弗能滅以其德不可
見無所用於天下則謂之滅熄亦宜
夫靈瑩中涵心也心具性也寬裕溫柔仁也發强剛
毅義也齋莊中正禮也文理密察智也容執敬別
機惡可已也性之德也合內外之道也四德根心
而時出故心爲萬物靈也四德不具心一形氣也
雖有靈瑩氣之清明也謂氣之清明爲性烏乎見
性
儒者言窮理曰一物不知吾儒所恥將使學者探玄
罔抉神異兼觀察之藝盡通卜祝醫巫稼圃工技

之故而後可乎則開闢以來聖者幾何夫夷夔禮樂臯契刑教其不能相爲久矣

儒者言佛曰道與儒同而教則異性道教一理也道同無二教教異則非道彼謂心生萬法實無所生謂慧覺實無所覺謂見性實無所見夫生則枝葉盛矣覺則變化起矣見則萬善出矣奈何天地萬物六根五蘊盡幻而空之

佛氏以空求覺覺復歸空其於心性猶日之夜火之蓄歲之冬也況日於虞淵謂之日中天匪日乎曆火於寒灰謂之火燎原匪火乎歸根於玄冥謂之

歲四時匪歲乎夫沉而不升日將滅也曆而不燃
燼將絶也冬而不春元氣將歇也
佛入中國自漢通天竺始也其教盛行自達磨來梁
始也五胡亂南北分中國而夷矣故夷法盛焉重
以鈎奇弔詭之士襲其說斧藻之日新月益匪能
爲佛也談天畫龍欺世所罕知爲異而巳其言蔓
其旨濝由君子觀之僅與晉清談唐詩律等耳謂
仲尼之徒而變佛乎哉
戎貊之人耳不習先王心不服禮義寘頑不靈若犬
豕麋鹿然也有佛者起湛寂爲心而慧覺爲性嗟

乎騶虞矣故莊周王通氏皆曰西方之聖人也夫
西方則聖中國則夷
有物斯有性而物不可謂之性有器斯有道而器不可謂之道有氣斯有理而氣不可謂之理夫物固有拂性者矣器固有畔道者矣氣固有逆理者矣天之暴風淫雨人之恣情極欲可謂理乎益以干戈爲虐吏以文法爲奸可謂道乎憸壬亂國虎豹噬人可謂性乎惟君子窮理盡性則無適而不見理無適而不見性故拂性之物可制而馴也畔道之器可矯而直也悖理之氣可格而順也

雨暘時寒暑節天之理也愆陽伏陰非理矣幼長老
終根苗華實物之理也厲札疵萎非理矣雖然皇
極不修則沴氣應政令煩苛而百物凋謂之非理
可乎堯水湯旱氣之變距耄囧天數之反不可謂
理矣雖然江海注而桑林禱則堯湯聖也樂道固
窮修身不貳則顏氏賢也故君子窮理盡性無適
而不見理無適而不見性
情性之性命數之命皆氣也非所謂天命天性也貳
氣絪緼五行錯擾或清或溷或粹或駁或舒或慘
或長或促非天故低昂之亦不得故調劑之精氣

爲物萬殊故也若夫帝之降衷民之秉彝同原於
太極聖與塗人一矣帝僕彭殤一矣
太極無形也無形則神而一先天獨立不新後天獨
存不敝故三才一本陰陽五行皆氣也有氣則物
而萬屈伸相感聚散相盪升沉相薄故有日月晦
冥寒暑失序霖傷稼風拔木霧四塞氣不齊也天
地猶不能齊而況於人乎況於物乎
明德者妙萬善而爲言者也明明德者妙萬化而爲
言者也故隨其所顯設而新民寓矣謂明德爲內
者謂心之虛靈爲德者也謂心之虛靈爲德此明

心見性者所以藉口

智者自察明者自照自察故能研天下之幾自照故能見天下之賾夫闇於身而旁索於物約於已而刻核諸人雖智慧徧寰區君子謂之無本

自視者小視人者小小人矣自視者大視人者大大人矣夫大人者居已於賢聖而居人於皆可以爲賢聖是故不爲已甚然而貪夫夸士往往决性命於榮途而托口乎圓變故硜硜信果聖人猶有取焉耳

尊德性道問學一理也而或各主一端格物致知一

事也而或各持一說其爲之徒者又各標赤幟以相非訾呶呶焉如聚訟吾爲此惑且懼矣性也者仁義禮智之謂也云德性者以別乎氣之情欲也尊之爲言君也主也性爲情主理爲欲君所以尊也精而擇之一而守之非學問曷繇焉廣大而精微高明而中庸故與新厚與禮皆性體也致之盡之極之道之其溫其知其敦其崇皆問學以尊性也君子所謂問學蓋知行合矣擇執合矣戒慎恐懼貫乎其間矣夫舍德性而言問學則支離舍問學而言德性則虛寂理無精粗學無內外夫格致

亦如是矣

孟氏言存心非存想入定之謂也存其仁禮之性而已言求放心非强制力操之謂也求其仁義之牿亡而已仁義禮智人皆有之也動則物喪静則來復故於夜旦見幾希焉夫夜旦見人之性猶冬至見天之心乎先王閉關息旅君子掩身去欲養微陽以之盛也故先儒曰主静曰静中養出端倪夫有所受之矣

良知之學非後儒創言之也孟氏諄諄乎詳矣然曰以所不忍達之於所忍則知未必皆良也察弗精

將指賊爲子矣又曰知皆擴而充之不能充無以保妻子則良知未必盡充也力弗果將惡醉而酒矣又曰弗思耳矣非才之罪則思不可不審也才不可不力也故君子强學力行終其身兢兢焉

卽心爲性生之謂性也心之精神爲聖堯胡以聖跖胡以盜也夫變化馳騖周流六虛心之神也其根本乎帝衷而動本乎物則斯謂之性矣盡性斯聖矣徒曰精神而已此釋氏慧覺所以不知性命何怪乎豪智權利之士謂問學無益也

天之命人之性物之則理一而已故性徹內徹外徹

人徹物徹天徹地故曰萬物皆備於我釣不綱弋
不宿數罟不入斧斤以時皆聖人盡性之學也
言性體不言學問言透悟不言操修此學之敝也昔
夫子罕言性至子思始詳之然語其功曰戒懼慎
獨卽戒懼性體見矣聖門善悟莫如顏子夫子語
以四勿卽四勿悟體見矣若乃涵養未和氣質未
變踐履未端私欲未淨抗手而高談於衆曰我能
悟我能見性吾何以知之
今之言悟者曰我默焉而太虛自運我湛然而萬化
在手問進修曰大道不可思議也誠敬贅也見砥

節勵行者曰細行未聞道也談之甚妙索之無當
吾所謂悟者稍異焉心不離性性不離行其精常
渾渾其川常烱烱寂感動靜無一念弗存矣晝夜
生死無一息弗運矣三千三百無一事弗察矣人
有夜寐而神動恍與人物搆接如晝然者其身則
射然寢也是謂之夢乎謂之覺乎夢與覺必有辨
矣恒人不知學曰寐言學焉而未踐其境曰夢身
踐焉而作輟曰夢覺之間惟聖人然後可當大覺
喜怒哀樂未發一也聖人則全體太極性體與天載
合矣衆庶然乎哉孟氏言性善直體一也夫子言

性相近分量殊也夫性之必善猶火之炎而水之潤泉庶星星聖人則洪爐焰焰欲燎原矣泉庶涓涓聖人則淵泉混混欲放海矣故曰若決江河沛然莫之能禦此天縱非人力也故聖人江河君子潛伏

喜怒哀樂未發性也發中節亦性也推而慶賞刑威禮樂征伐皆性也夫自規天畫地刊山濬川徵至覊馬幅牛圈豚馴犬驅虎豹弃犀象皆性也求性於未發謂性有肉乎哉求性以成身謂性有我乎哉故能盡其性則能盡人物之性盡人物之性即

所以自盡其性

至賾而不可厭者物也至一而不可遺者性也至變而不可逸者心也心逸則性離矣戒慎恐懼無寂感顯微一也慎獨嚴乎其寂感顯微之交也學問思辯篤行致戒懼之實功也夫戒懼所以存性成性存存道義之門

惟天生民惟聖代天天民之聾瞶聖爲耳目矣民之顛隕聖爲手足矣自非大無道之世聖人未嘗不在朝市尹不逢湯聘說不入帝夢天民雅抱與說命三篇必有見於世乎其達也道行其隱也言顯

堯仁桀暴易審也言堯言行堯行一念獨知匪堯也去堯遠矣比干忠蜚廉佞易審也言比干之言行比干之行一念獨知匪比干也去比干遠矣夫王霸誠僞之辯毫釐千里故好名之士或矯迹於揖遜而見情於簞豆縱欺人不能自欺縱可欺當年不可欺來世

三代而下利之入人何深乎未得也蠅營既得也蟻聚固有致命而爭未有遺力而讓者也儒者矯枉曰士惟恐不好名夫磨鈍振靡蕩穢揮氛非名教曷繇矣然好名不好學則矯揉忿戾之習生焉無

論行非中庸卽此念少襍已不可與入堯舜之道
是故湯武革命誠厚蒼生也夷齊扣馬誠重綱常
也莊生誕曰夷跖同殉嗚呼使夷果有死名之念
則首陽與東陵相去幾何
伯夷太公避紂世黃馘終矣不有西伯烏來就養明
哲保身一也其後揮戈者何武叩馬者何固執經
達權異也然君非周武夷不諫若曰先君有天下
二以服事殷顧嗣君無改舊德乎其諫忠武也忠
西伯也曰父死不葬臣弑君者齊東野人之陋也
首陽之餓諫不可而耄遜乎曾去商亂食周祿矣

匪商民胡然而與商難曰不義周粟亦非夷之心

哉

夫是非不並立也經權時互濟也自古聖賢不炫奇

詭不膠故常求仁得仁亦各信其心成其是而已

故時異行異潛修陋巷與底績九州一也觀兵孟

津與安節羑里一也亦有時同事同而行異忠諫

剖祭器歸營丘封西山餓要以自信其心無愧於

天地神明一耳書曰人自靖自獻於先王在殷三

仁在周二老

人主精神必有用也匪詩書則淫樂矣國家幾務必

有任也匪公卿則婦寺矣夫惡嚴檢暱寬縱自衆
庶莫不皆然而况於至尊乎古者天子嘗居內朝
奄寺惟供洒掃輔拂疑丞不離乎左右自非張弛
有節志意和洽能然哉目厭圖史諷咏焉可也體
厭矜莊游息焉可也故七月風謠卷阿泮渙古聖
賢格心之用微矣其音節雍容諷導和婉千載誦
之猶能使人主興焉後世儒者抗儀於坐講正色
於折枝以道則正以術猶疎
士有修之朝堂而壞之閭里植之盛年而隳之晚節
者何矯行於名譽則真僞難掩競修於意氣則始

終難繼夫惟實學實修之士潔源而固根焉寸積
而銖累焉則窮彌堅老彌卲斯之謂君子
古者天子自稱曰予一人非域中無二之謂也若曰
予僅以一夫寄於王侯君公之上恐天下莫吾與
也諸侯曰孤曰寡非國中無匹之謂也曰吾子焉
以身奉社稷恐國人莫吾助也是故其稱臣曰鄰
稱民曰子羣臣協恭而後一人有託也萬姓協和
而後一人有慶也
人情寬縱則易渙嚴畏則難久一張一弛文武之道
古者人君夙夜無逸然而春秋有省五岳有巡蒐

狩有時講武有節臺囿有觀辟雍有樂無非事也志意亦宜暢焉其君臣相與有湛露之燕有飄風之游有咲語之歎有賡荅之歌相適乎情性而相廸乎禮義故萬幾兢業則臣主同憂九重喜起則明良胥悅是以拘檢不勞荒淫不作晩世深居稱朕堂陛萬里一切會同蒐狩之典不復舉矣儒者弗揆所繇徒曰人主必抑畏無躭樂身絕師傅耳絕箴規而曰毋淫佚盬女充前美男羅側而曰毋荒色自非天授上聖其曷能自樹乎哉

釋灌虛庸尸位其君謙讓禮樂也金陵堅僻事任其

君鋭意與復也故經制禮義之談見謂高論誠意正心之學見謂遠情千載明良適相値而兩相負也天乎人何尤

韋布環堵之士事至簡慾至寡欲修身正行以見於世非師友猶莫能立况天子獨居法宮宦妾之與處而百慾之叢集哉故以道格人主者必先泰交泰交必明張弛

諫臣之義有犯顔無隱諷乘輿太過不敢斥言則隱大臣之義有隱諷無犯顔社稷大故不敢不力爭則犯

宰萬動役萬動者身乎剛柔不齊者氣乎縱橫難御者情乎語問學則正身修行先矣語修行則反情養氣始矣腔膈寸區未能調而妄云燮贊乾坤軀殼粗迹未能融而猥語性命神化譬之駢敗輪於千里索朱草於糞土也庸可幾乎故動容出辭道所貴七情中節謂之和

靜與天同體動與天同運於穆不已日月常明四序迭經萬彙流形潤以雨露鼓以風霆吾師乎吾師乎吾聞其語未見其人也齋心神明動遵古昔非聖人之志不敢存非六經之言不敢道非禮義之

行不敢行君子哉吾友也已
君子莊敬則身爲物宰安肆則爲物役抑抑威儀惟
德之隅君子戒慎未嘗失色心定者言重以舒不
定者言輕以疾躁人辭多吉人辭寡老氏亦云重
爲輕根靜爲躁君奈何萬乘之主而以身輕天下
故君子小心翼翼以事上帝羹墻夢寐一食息不
敢忘也金緘囊括一啓齒不敢忘也規旋矩折一
跬步不敢忘也騁辯以爲材儇捷以爲敏諧言戲
動以爲淸曠旣喪爾德復離爾營鬼
鳳非時不鳴也鳴則太平兆矣其鳴有節有數焉六

律中五音諧矣使鳳而如百舌之囀春烏鵲之噪晨也如鳳何惟玉亦然其質溫潤其聲清越以長琢而為珮應采齊肆夏君子知鳳之鳴知玉之振辭氣可不慎乎

仲尼春秋匹夫也律天襲地祖帝宗王德業莫加焉萬乘天子尊榮在當世異代則否仲尼北面帝王而子弟之萬世一日一匹夫之身何修而至此修諸身以內也君子貴其身過於有土之君曰為仲尼在茲故夙夜時保不敢以呼吸喪吾重非道也非禮也雖爵以公孤悅以聲色權利若寸雲過太

虛矣

易之爲教聖人緣天道以察人事因神謀以定民行也剛柔異用時位靡常闔闢變化惟道所適於是乎稽疑焉耳乾之亢戒持盈也坤之霜示防漸也德匪黃裳吉乃凶也卦各有所象也爻各有所之也君子觀象玩辭反凶趨吉變易以從道也不惟其道而利害得喪焉問妄也易不以告君子不以

筮

古者建國遷民祀戎大務多稽諸卜世儒以此別蓍龜長短非然也夫灼龜而鑽方弓義功惟枯骨之

靈而人不與其於事也決猶豫定臧否而道未必
存蓋近乎術數焉矣若夫蓍成於聖人之卦揲象
於聖人之爻象參天地法陰陽消息盈虛界我明
命矣剛柔動靜廸我周行矣故知蓍卦之德者可
與通神明盡性命知來長短局云矣
世無盡性之士以嗜慾戕眞者多世無絕行之士以
夸毗喪實者多夫性情言行盡心身之用矣養性
制情愼言敦行盡正修之功矣舍是焉而曰問學
謂之涉獵也曰戒懼謂之虛寂也
三之暢其乾體乎二之直方其坤體乎暢以終始何

虞亢矣直方以終始何虞氷何虞戰矣故曰利貞
引而伸之三百八十四爻一以貫矣專翕之理備
矣易簡而成位乎中矣
聖人之學藏之方寸而運旋宇宙謹之呼息而流貫
終古天地爲師三五爲儔富貴貧賤不能干其志
利害死生不能攖其慮非天下大勇其孰能當之
得北宮之勇者狂乎得施舍之勇者狷乎
顏氏曾國年少也且窶人子曷爲敢稱舜哉其世唐
虞其位元后其德重華卽稱焉曷從而爲焉偉哉
顏氏必度其心有一念千聖度其力有一息千古

者矣夫聖門大勇莫如顏氏其次子路聞顏氏希
舜矣未聞子路之希某聖也
天體至大其道至仁惟仁所以成其大古者混沌之
世民未知親戚上下川谷不能相通百人異羣百
里異聚有聖人者起爲之建萬國設君公被以政
教致以舟車親以朝聘通以財賄然後民物一氣
華夷一家貨不必藏力不必私外戶不闔胡越相
適不齋於是乎天之至仁始昭融浸浹於覆載閒
矣故曰聖配天故有外之見不足以合天有我之
心不足以語聖

紆金曳紫人以爲華君子服之則有覆被閶閭之憂珎羞肉食人以爲甘君子嘗之則有粒食衆庶之憂高厦丹楹人以爲安君子居之則有寧宅下土之憂惟貧賤亦然口厭莪藿曰饑者獨我身乏完褐曰寒者獨我廬不蔽風雨曰露處者獨我豈君子好爲過計哉畏天憫人性分固然矣是謂天地爲心萬物爲體

君子勤社稷不辭拮据雖食沐瞬息弗遑焉勞蒼生不辭胼胝雖鹽米麥雜必躬焉凡以行吾道盡吾性也爲名高而爲之文矣博名高而希寵利抑末

矣

士之所以不能盡性履道者以嗜慾汩其中情習移其志也茲有人焉衣敝裘不愧華衮餐藜糗不愧肉食棲蓬蓽不羨旃廈樂藜藿不羨姬姜是足與議矣乃學之不敏爲之不力日遷月化竟不能入聖人之室是天與美質人自棄之也厮隸焉同生草木焉同死悲夫

或問長生曰常生者生常死者死又問曰常生者死常死者生未達曰爾於萬物無弗愛也其德厚其天和矣夫夫焉得不生爾於萬慾有弗攖也其神寂

其天定矣夫夫焉得不生生生死死死生死死死生是謂性命合一

同畦而稼糞勤者刈豐同風而舟帆楫具者先駛濡潦咸浸稷不能爲稼已亢陽赤地艮農汲甕而灌猶入其半焉風濤撼天亟不能爲舟已回飈衝檣長年者唱禺而力挽之猶日致五十里天人力命之際此足以徵矣故君子持世定傾不言運之否泰節慾養生不言數之修短盡性作聖不言才質之豐嗇

夫學務洗濯不務粉澤務斂藏不務宣暢惟洗故澤

惟藏故暢故曰聖人以洗心退藏於密上天之載無聲無臭密之至也佛氏愈寂則愈空吾儒愈藏則愈密至哉密之義乎天地以此貞觀聖人以此貞一

馳騖宇宙勤思參貳惟此一心曷云乎放心也心有仁以利欲而生殘忍仁喪矣心有義以利欲而生邪僻義喪矣放心云者失其仁義本心之謂也求放心者反其不仁以歸之仁反其不義以歸之義也釋氏以圓覺內照爲心不知仁義何物可謂求放心乎凡吾儒言心多合性言之也其言性卽四

德之根心者也釋氏言心獨指心言之也其言性

亦心也不識性又烏識心

學不適經濟者不足謂之學道不達權變者不足謂之道才不本寧靜者追逐之粗才也智不由光大者機械之私智也故詭僻之行或以獵虛聲雄黠之能或以標鴻樹問學君子恥弗爲之矣

士有希賢希聖之志則日益矣有自賢自聖之心則日損矣故聰明絶俗居之以愚功伐蓋世守之以謙非有而示之無能而示之不能也望而未見從而未由其心誠惕然不自足也故聖賢之於問學

沒身焉耳已

家天下未若官天下之大也封建未若選舉之公也天生大賢大聖時出乎東海時出乎西海豈世世敬承哉蒞天職皐天民惟賢聖是畀天之道然而三代聖人世及不嫌私封建不更制者何也生民之初川谷異聚千百異羣其間自有衆推而聽命者若蜂蟻有主然聖人各因俗順性爲之建置君長蓋亦天道自然非聖人强以私意智力設也風氣漸開政教亦寖協以時日輯以符瑞同以律量權衡聖人以爲是足以比萬方安黎首矣且各因

其國登其賢能爲之卿大夫士未嘗有賢聖遏抑不得志也至周受命幅幁寖廣海內爲國者千有八百大畏小懷化及重譯聖人當此時安得無故而興剗削五等之議起絶滅延世之端若曰商周藉諸侯取天下勢不能易是以私窺聖人也及周衰弱肉强食陵夷逮於戰國離爲十二并爲六七則封建之法已窮雖有湯武受命而興勢不得不罷侯而置郡縣郡縣雖秦人私意要以順時創制聖人所不廢也夫國大則難御民衆則難使藉令漢時復立六國後亂不旋踵千八百國業并而六

七矣復析六七而千八百易任賢而任子聖人寧若是迂耶循後王之軌酌前聖之法明選舉重守令賢者登崇不肖者屏黜所謂奉天道官天下何必去棟宇而復巢居厭書契而更結繩也若夫井田以均恒業學較以教德行千萬世繇之矣

自古批鱗於當宁者天威易霽藺路於當衡者險穽難測故杜谷詆諫忠之賊也王章殺身志可則也

律之本黃鍾也所以驗中氣而定中聲也至治之世其政寬平其民愉穆故陰陽順序而中氣應衰亂之世其政暴弛其民愁慢陽愆陰伏夏雹冬雷中

氣曷從而候焉是故宇宙有太和然後天地有中聲非其時聲未可定也若唐虞成周所以勅天基命燮贊太和則具在詩書矣

漢唐而下議制律者何紛紛靡定耶候葭管則治亂剛柔異較秬黍則豐歉大小異儒者高論輒曰器數耳是有司存夫律與天地準未可以器數言也伶倫后夔皆智慮符神明呼息合陰陽天所命也道不虛行存乎人人不世出存乎時夫至治熏蒸諸福畢應鳳凰麒麟騶虞白澤之獸莫不來格而况於人乎有堯舜者起化登熙洽德至清寧將必

有倫藝絕智之士應景運而定制者焉俗儒區區蠡測烏足以知之

禮樂必百年而後興信乎曰否學不可斯須去於身治不可斯須去於世微禮樂則百年之間所施設何物乎曰中聲未定如樂何曰王者承敝更始益必有草創焉古樂章三百篇洋洋乎備矣今之琴瑟鍾鼓笙磬柷敔亦猶循古之制也擇其所宜奏用之廟朝用之邦國用之鄉人去繁促崇雅淡一切淫哇桑濮之音禁絕弗得作樂其庶幾乎若定律盡制需時矣

叔孫起枹鼓而制禮當乎曰否禮序萬物經萬化彌
綸天地獨庭陛升降云乎哉叔孫襲秦儀尊君卑
臣苟悅人主意耳未聞有品式章程達之天下也
烏乎言禮兩生儒而腐叔孫則優二者皆譏有以

夫

彊本節用儒墨家所同君尚儉爲厚下也民尚儉爲
禦窮也上之瓊林大盈聚矣姦夫讋斷敵國矣猶
教之儉乎是塗附也貨蕐而不流貧民束手莫得
資其簞豆曷爲貴儉哉夫明主欲仁天下則定經
制薄賦歛先矣

今之驛禁可寬乎曰送往迎來先王有賓禮矣費煩而鉅曰賓饋一僕馬什以郡邑之費稟其郡邑之人奚其鉅且吾嘗過燕齊魯矣過趙宋魏矣其僕從皆帶索榜腹也者一日不食去溝中瘠無幾稀與賦出乎田與身者也非有中人之產算亦寡矣富出貲貧食力以苟免於溝瘠也不亦可乎

仁者愛人故惡人害之義者正人故惡人亂之夫兵也者不得已而用焉者也夷亂夏寇亂民苟可以文告懷可以先聲懼也聖人將師而不陣陣而不戰至於戰不得已矣譬諸虎豹啞人必制以權術

故飽則饑之逸則勞之怒則衰之利而誘之似餌伏而狎之似犇事半而功就暴亂戢而士衆不傷是故以正治國以奇用兵吾不敢右宋襄而左駒

老

善教天下者太上道之其次耻之其次懼之耻之云者賞與罰之謂也民有孝弟婣睦敬事長上表宅里詔爵祿以風樹之有弗耻焉者寡矣其有弗孝弗弟弗若於訓移其居赭其服終身不齒有弗耻焉者寡矣柰何叔世不務耻其心徒懼以刑創不甚則不痛甚則死往則忘又多贖與赦民有幾幸

之心故刑日煩而姦日益廣是以聖人於民先道而後耻先耻而後懼匪疑匪矜不得與贖赦夫武以止戈刑以止辟

民有聰明穎慧之資者宜士有鷙悍驕銳之氣者宜兵有心計技巧者宜賈而工木彊而耐胼胝者宜農此非獨人事亦天道也封建世卿大夫而士有不得見才者矣衛所世卒伍而民有不得賈勇者矣彼其鷙悍驕銳之氣既不能俛首於稼穡技藝饑寒外迫勢安得不轉而為盜可以兵者羅之使盜不可以兵者彊之授戈是治盜與治兵兼樂兩失

也今天下欲強兵以銷姧萌以備夷虜其惟選練
鄉兵乎衛所之凊勾也變而就近可也父子之替
役也變而選其丁壯可也
三代以上先造士而後取士三代以下有取士而無
造士詩曰濟濟多士文王以寧又曰周王壽考遐
不作人懿哉文王之所以寧乃文王之所自詒也
今郡縣學官設矣弟子員備矣有教學諭訓之虚
名而無廸德砥行之實益以文詞取之而以匡王
楨國望之此必天生異材爲世用則可於作人吾
弗知矣

人有恒言揮金如擲塊戮人如刈草而後可爲上將豈其然哉古今出入將相勳業格天莫盛於阿衡乃一介弗苟與殺一不辜得天下弗爲其併包兼容如天地之覆載其研幾精義如日月之昭朗至大而至窖至廣而至微視後世豪傑作用霄壤懸矣

夫聖賢非必不取不與如於陵之操也非必不殺一人如宋襄之愚也賞當功戮當罪可慊於吾之心可通天下之志故有時一介不與有時以天下與人不爲惠有時一介不取有時取人之天下不爲

貪誅獨夫殲渠魁不用命戮於社若盈城盈野之
戰驅無辜以就鋒鏑雖得天下弗爲然聖人所以
得天下與守天下斷不在善戰善陣也
聖人十五而志於學蓋嘗誦詩讀書習禮學樂其精
神意念已揖讓堯舜之庭而趨承文武之側持此
志須臾不舍如火燃泉達日新月盛安得不直造
聖神之域也耳順從心不思不勉矣此志與天不
息有生熟無存亡至兩楹夢斷而後已也
均是人也有大人者天地合德日月合明四時合序
鬼神合吉凶吾七尺之軀與大人同耳目心思同

吾何以弗若大人哉是故君子無一念不志大人則心無一息不依性命無一息不依性命則視聽言動各中其則喜怒哀樂弗汩其眞處富貴貧賤夷狄患難無入不得心一而已執一心宰攝萬變非因萬變而檢察其心也是謂一貫是謂何思何慮

書稱禹不矜不伐故天下莫與爭功能夫聖人非自謂功而抑之不矜自謂能而抑之不伐也懷襄始平營窟者未有寧宇何敢言功昏墊雖拯稼穡者尚需鑽緒何敢言能葢聖人天地爲心覆載爲量

宇宙間有一事之失理一民之饑寒一物之夭札無不任爲已辜方皇皇然愧悚之不暇寧暇矜與伐乎哉叔季士志卑識陋區區與庸衆絜長短與權謀功利競後先功能稍見於天下則不勝志得意滿此三歸反坫霸佐所以見小於聖人也

知世不可而不爲者賢人也知不可而猶栖栖弗舍者聖人也宇宙在吾身造化在吾手君有一念之明納牖遇巷猶將爲之故轍環列國席不煖而突不黔然守義安命進退存亡歸於不失其正此聖人所以猶龍也

際唐虞而儆荒怠對聖哲而鑒丹朱言之危也戒懼於不睹不聞敬信於不言不動行之危也君子體天行健朝乾夕惕與此身爲終始曷窮通治亂之有焉若言則無失時也無失人也非時非人則囊括金緘可矣危者安之反也孫者任之反也如春秋孫於齊之孫不以身任天下國家故言可孫彼自有任之者也居忌諱之朝食昏亂之粟而曰默足以容乎是聖人以竊祿無恥教天下也失其旨矣

楚弓與人弓孰公也曾閔與吾閔孰重也知人弓之

無足恤則一切智能勳業與豪傑共之何必在已
知吾與之甚可愛則一切成敗利鈍與造化順之
何必喪已故執同異得失之見以隘包容之量徇
已者也舍馳驅而詭遇以希王霸之功喪已者也
不可徇者私已不可喪者眞已惟君子獨見眞已
是以能忘私已

知非艱終知之艱言非艱踐言之艱夫士也坐環堵
而馳情八極對陳編而騖意千古揣摩生見解見
解生談議自謂識際天人術窮經濟矣比體諸身
措之於用茫如也知與言曷貴哉是以聖人慮其

心於無知欲立教於無言
謂空與覺爲二譚釋者不謂然也卽空爲覺是名圓覺卽覺爲空是名眞空一覺之外其衷曠然湛然事至物交淡然泊然高明智慧之士自以爲卽此遂超夌上乘立證元始矣本之於天地曰無聲無臭易知簡能如是矣稽之於聖神曰不識不知何思何慮如是矣自清淨孰爲非禮自無欲孰爲克巳其持論在太虛之始其處地象帝之先而儒者方曉曉然非之曰吾儒本天釋氏本心是不足以箝其口而適賁其竊咲也夫釋氏所論乃近似於

至聖合天之事然西方之人其嗜慾淺薄而易去其於倫物法度簡畧而易遵故無事而曠然湛然物至而淡然泊然則其道盡矣然以彼諸祖猶皆循持苦行十餘年而後得之則上智之難也今曰頓悟云者豈惟誣聖且誣佛也夫本體自然至善無惡者吾性之眞原也戒愼恐懼閑邪存誠者養性之實功也經緯萬化洪纖悉備者盡性之全體也彼所謂本來面目乃混然未分無善無惡之境所謂覺性即以知覺運動當之任心無爲復歸混沌其於帝衷物則秉執有恆者蓋未之著察焉曰

覺實無覺曰萬法實無法五蘊皆空非未發也當其曠然湛然似中非中萬象皆空非中節也當其淡然泊然似和非和故自謂與天同體而窮神知化則疎自謂執天之行而開物成務則泥然而古今豪傑之士往往樂從其說而莫之覺者則喜於欲速而輕於自信故也夫喜欲速而輕自信惟豪傑類然矣

釋氏因空以見性空之烏能復有之有之空者復窒覺者復暗矣故其道歸於清淨無爲吾儒戒慎以養性愈戒愼性端愈充充之不已萬善具萬化行

矣故其道至於彌綸天地曲成萬物或謂儒釋於性命根源本同而教則異愚謂教之異也正起於性命之原毫髮差也使眞知吾儒所謂性則豈必空之而後見實見之則萬化流行自惡可已何獨以法身不滅超出生死爲登彼岸耶

天以健爲體人心以敬爲體終日乾乾夕惕若法天行也於穆不已時自行物自生健之至乎至誠無息天地自位萬物自育敬之極乎夫敬則欲不能入故本體常湛妙用自流敬所以閑邪也閑邪以存誠也堯欽舜恭安乎敬者也湯日躋武勝怠勉

乎敬者也譬操舟行乎汪河轉移變化在於一柁兢兢而守之靡瞬息離焉彼置心何有恬神寂寞自謂舟與水忘水與柁忘雖長年三老不能得之龍門巫峽刿嘗試操之者乎詩曰其何能淑載胥及溺

作二典者其知道乎堯欽明誠明也舜文明而後允塞則近明誠矣夫明何容易孟子曰始條理者知之事也知譬則巧也夫子稱大智曰舜舜之智豈訓詁之儒所謂博文格物者哉然好問好察不離乎博文格物矣不離乎博文格物而有所以淵然

獨識超然總覽者是聖人之智也所以爲始條理
也萬物賾矣宇宙變化繁矣博而索之秩乎有紀
神而明之渾乎一貫是故覩天地萬物之全而不
囿於見也達盈虛消息之變而不局於時也會仁
義道德之藴而不滯於方也故曰博學而詳說之
將以反說約也學至反約則明矣智矣可與誠矣
可與時中矣
天有五行順之者昌地有五氣宅之者長人有五事
蹈之者王毋逆天道毋絶地理毋亂人常通天地
人曰儒用天地人曰聖是謂三才紀綱

天之道陰陽闔闢盡之矣地之道剛柔屈伸盡之矣一闔一闢而變生一屈一伸而利生此天地所不違千聖弗能易也其流至譎詐相傾權利相擠於是縱橫家出矣鬼谷道之裔乎儀泰鬼谷之濫乎譬諸飲食男女生人之大紀乾坤之大義而舍龜以觀而聚麀以賣豈其性與故則然哉故權者聖人弗諱聖人能用權以經緯萬變鼓舞羣動者至誠故也夫天地變化草木蕃誠而已矣

聖人之於天下安利之而已其於身亦然聖人所謂安且利者非常人安且利之謂也君明臣忠父慈

子孝祿位名壽與道德性命合矣安富尊榮與忠信豈弟合矣如其不合聖人且順受焉無所喪吾身無所失吾道故明夷之世可奴可囚而志節不易流言聿興東土是辟夫愛身所以愛道所以愛天地是故一語一默守道之宅一顯一幽秉德之符專而直翕而闢蠖屈而伸龍藏以蟄莽大夫曰晢乎孰靡晢哉被髪而狂廢可矣守先聖之道藏之石室傳之身後見吾志可矣

亡國非一徃兵爲最亡生非一好色爲最人主豈不知之常蹈之曷爲貴知矣釋子丈修玄默絕房帷

肅齋戒其根難拔則悒然弗歡强而遏之且發狂疾廣忠贊日接之途勤詩書俎豆之業聖喆承弼植其志則治艷弗留明矣中和禮樂怡其性則驕忿無滑眞矣語云不見可欲使心不亂未若見所甚欲易所可欲也未若心常治亂弗干也夫欲見所甚欲治其心則莫如剛聖人曰我未見剛者

魚游於水濳躍喣沫皆水也人游於天作息呼吸皆天也盈天地惟氣即氣即天天之入乎人靡間於膚臟髮竅矣謂天聽卑烏乎用聽謂天鑒邇烏乎用鑒故一念善惡殃祥類至機動氣應雖天亦莫

知其然孝婦寃而雨竭義士泣而霜飛誠之極氣之變與風雷拔木金縢啓藏天所以眷聖人也當其藏之曷意乎啓之風雷曷作王曷十精誠潛召若有神物以使之故曰至誠動天葬之藏以僞啓也以僞誠僞相去奚啻萬里而以文類媲周公懿哉不殛何待

絫石而爲浮屠高數十仞朱碧銀黃燦爛天目登九層之上四望焉茫茫乎九州一指顧也其歷世則數百餘歲遠者或千餘歲嗟哉世無百年之人人有萬年之樹無競哉人乎夫累學而成聖者孔孟

也累事而成功者禹周也故曰寻手拮据寻口卒瘏亦夙夜累之而已累之而不成與不累而自成者我未之前聞也

龍潛必見也出則霖雨止則洙泗謂之非見可耶潛而後見見不離潛潛爲體見爲用耶心烏潛潛乎道道烏潛潛乎行曰遯世顯曠一矣曰不見是毀譽一矣神光淵蟄精氣騰徹雖陋巷窶子敝裘耕夫猶名實照天壤欲無見得耶

夫語出世於經世之學其猶夏蟲乎求輔世於媚世之夫其猶蟺蟻乎一人倡之千百人效之謂釋耶

上聖謂鄉愿中行譬諸食厭稻粱而錯羞焉問匪是弗登於豆矣駕舍騏騄而駑蹇是求匪是弗御於駟矣昔夫子作春秋夷則夷之其稱鄉愿曰德之賊吁嗟乎世之言性命也鮮不爲夷世之言操行也鮮不爲賊戎狄外侵寇竊內訌則有其故矣

漢文詔曰度地非寡民非益而食不足是爲酒醪以靡穀者多而六畜之食者衆也夫中人得斗米可十日無饑而豪華貴介浮白引滿爲長夜之歡斗酒立盡雞豚狗馬之畜食人食者歲居十之一二穀安得不糜食胡以足且賓主一宴動費一金縣

桑饑夫得之可數月無死則廢一宴可活一人之命也廢一宴可活一人則舉一宴是殺一人也而人且歡樂呼笑以行之不知其有殺人之慘也夫計財無輕毫釐計穀無輕合勺富歲積有餘凶歲補不足安有天地之產而不能養天地之人充此類文繡不餘則天下之布帛賤淫巧技奇不作則天下之歸農者衆故曰國奢教儉國儉教禮

天地一氣之剛范也萬物一氣之鏤畫也五行相錯而榮悴生萬化相軋而吉凶生總之一氣貫浹如響斯答如影斯附不知其所以然而然是故以生

機感者生亦應之以殺機感者殺亦應之螳雀相壽環草輒報孰知夫寧人之所以自安也孰知夫慈物之所以自救也人皆知顯酬顯罰而不知陰酬陰罰刼遝代變華門望裔或淪於兵燼而王公將相或起於民萌其世所醞釀匪一朝夕也又非笑顰聲音之故也人故莫能名焉德無幽顯期於殫厥心善無大小期於充厥量本情性而爲之者機深矜名行而爲之者機淺

以手援者用微以道援者濟博矜一手一足之惠而被髮搴裳以從之物未及濟而道先喪矣夫手援

未若道援之大也已援人未若人援之廣也以道
援人以人援天下其爲手也萬矣其爲濟不可勝
窮矣故堯舜不援唐虞援岳牧仲尼不援衰周援

七十二子

德性之知良知也聞見之知亦良知也性無内外心
亦無内外謂聞見之知爲外者是謂心有内外也
意言象數入乎耳觸乎目感於心而知通焉知在
物所以知者心也故裁制萬事曰義辯析萬物曰
智告子嘗外義矣豈其智亦有外與

夫聖人之道廣矣大矣起於方寸而經緯乎乾坤發

自靈明而宰制乎萬物飲食言語生死晝夜其流形廓廟畝畆禮樂干戈其運布纖細則蠕動夭喬各遂其生適其用洪鉅則三光岳瀆各效其靈賛其利洋洋乎浩浩乎吾不能名其譬之江河乎或飲或烹或灌或濯惟人所挹故老氏挹之以復命釋氏挹之以見性陰陽家挹之以言順忌縱橫家挹之以言捭闔刑名家挹之以言輕重斷舍兵家挹之以言奇正虛實醫家挹之言氣脉藥餌卜筮家挹之言悔吝吉凶博士家挹之以藻繢詞章法術家挹之以富強天下彼皆得其偏未該其全見

其內或遺其外掇其粗或失其精夫能合內外精粗兼備而時出者其惟聖人乎是故道也者渾淪磅礴不可得而執也執之則已淺象器矣不可得而言也言之則已滯偏局矣易曰仁者見之謂之仁智者見之謂之智故大道無名大聖無所成名江河百折總歸潤下聖人順之而弗逆也戎狄非族寧無陸梁聖人外之而弗內也故治水者溢則疏闕則濬治夷者來則拒去不追溢弗能疏而隄防以塞決漢氏之作偏也來弗能拒而金繒以講好趙宋之釀釁也順水之道養水之利舟楫何所弗

至幽平以天王蒙難秦趙以小霸邾胡夷夏盛衰在人事經綸謂何耳故善計不滞一方善强國者不襲故常

合天地萬物以成身者其人乎處天地萬物而各當者其性乎家庭廊廟天秩敘矣禮樂干戈天命討矣威儀動作帝衷寓矣耕稼陶漁物則著矣反身而誠盡已性以盡人物之性也功與造化並身與天地參云胡不樂强恕求仁致曲之事也仁則誠誠則天

天下之道盡於易聖人之學盡於學易象盡意爻盡

情辭盡言變通盡利鼓舞盡神宇宙之運旋萬化
之紛錯人事之臧否得失靡不由乎此矣立本者
易簡趨時者屢遷神而明之盡性至命聖人也觀
而玩焉精義入神君子也執蓍策求掛揲以知吉
凶趨避衆庶也夫聖人洗心齋戒君子懼以終始
圓而神者心之體乎方以知者事之則乎易以貢者
事有定則而應無常用乎故聖人存主踐履無非
易也以進德脩業以酬酢云爲以開物成務以裁
成輔相天地純然止乎至善無虧欠也確然依乎
中庸無差謬也

一陰一陽互根不已者天地之德也一剛一柔時出不窮者聖人之德也陽不能無陰剛不能無柔故有中國則有夷狄有君子則有小人陽爲陰主剛爲柔君故內君子而外小人內中國而外夷狄陰之勝陽也柔之乘剛也私欲之蔽理也讒邪之害正也裔夷之謀夏也是氣運之否泰人心之淳漓世道之治亂所由繫也聖人懼焉中古之世善人不善人半中國尊四夷未畔第調劑內外俾各當其處可矣故周易起乾終未濟文王之易也春秋末古羣邪道長夷風日競幾於剝矣匪去邪曷以

存正匪攘夷易以救夏故雜卦起乾終夬孔子之易也乾純陽也未濟一陽一陰各得其處也夬以陽決陰復歸之純陽也

惟天生物惟人最靈中國蠻貊皆人也麟鳳龜龍與豺虎蛇蠍皆物也人居物中爲萬物宰聖智居人之中爲萬民宰皆天也夫人性亦猶是焉性從心生凡生於心者皆性也如耳目之於聲色口鼻之於臭味安可謂非性故謂性即心可也惡亦不可謂非性也然究厥精微視聽食息自有天則父子君臣各有極致故謂性即理可也謂性善與堯舜

一可也天地之德曰生雖夷狄猛獸有時乎肆害
而君師寵綏其爲生者自若人之性至善雖氣偏
物誘有時乎肆惡而彝則中秉其爲善者自存故
荀氏之言性惡也見其粗未識其精也楊氏之善
惡混也執其粗並論其精也釋氏之無善無惡也
厭其粗併去其精欲還歸太虛也執天樞以運羣
象秉曜靈以照萬境當於性善求之
易無思無爲寂然不動感而遂通天道也聖人極深
研幾以通志成務人道也
玄黃訢合萬品流形雌雄倡和庶類蕃生堂廉歡協

事正邦寧壼閫和暢家道乃亨蘭金契洽業茂聲
宏華夷安處偃鼓息兵忠邪器使王路蕩平故事
或激之以階亂道有順之以相成馬牛可飼以服
乘鷄犬亦資其吠鳴使椎髻雕題可得而羈縻何
必磐以長纓盜賊狙詐或奮身於功伐何必執小
眚而錮脩能
聖人因時以興萬事不執一事以御萬時夏而制葛
不可以禦寒也冬而制裘不可以當暑也勢所必
極理所必至聖人變而通之乃可以久封建既郡
縣矣井田既阡陌矣選舉既科目矣濟郡縣之窮

其嚴責監司乎通阡陌之變其限民名田乎救科目之敝其先論行誼乎訟獄繁而刑戮舛故肉刑變而笞杖漢主之寬明也兵權擅而干戈擾故藩鎮變用儒臣宋祖之英斷也

天潢盛而租賦日重民不勝敝矣租賦艱而祿養日詘宗室亦不勝敝矣弛出城之禁任四民之業親盡則絕弗予俸化裁不可緩乎或曰燕邸踐極寧濠窺覬殷鑒不遠焉毋爲戎首曰炎劉不起布衣李趙曹馬不繇將相乎防之曷可勝防也錮之曷可勝錮也酌盈虛定經制安本支以安黔首惟時

變是適若朽索春氷之凜視匹夫皆予勝也寧惟
是二三宗室
濟大事者必順人情乎天下所共好與好之天下所
共惡與惡之庶政之張弛人材之舉錯皆與天下
爲公而不以己私則天下服矣繼治者道同繼亂
者道異自朝廷達於郡縣其揆一焉未有以亂易
亂而能服人心者也心之不服烏能箝天下口
民俗之奢也僭儉則陋士習之和也靡直則激捄僭
之敝多陋捄陋以禮捄靡之敝多激捄激以中惡
其陋而奢是尚惡其激而靡是求是猶懼江河之

不東欲揚波而助其瀾也世道安所底止兩能則爭兩軋則鳴兩合則成此予夢中語也寤而覺有至理輙書諸紳以戒褊心

百里之中有堅城一區寇至民趨入保遠趨不過五十里則虜劉抄掠之患免矣五百里之中有銳卒一旅寇至兵出援擊遠援不過二百五十里則攻城拔邑之患免矣城所以為守兵所以待戰遠偵諜明分聚審幾而動毋先自擾此固國衛民之善策也守得戰乃堅戰得守乃逸戰守得食乃久若聯民志化內外其尤要矣

朋友之責善匪徒以口舌勝也蓋反躬淬礪積誠感
孚者豫焉無諸已而求諸人恥也憫其薄而口說
是勝欺也好面數以沽直不顧其安妄也故忠告
善道聖賢所貴不可則止一剛憤自愛者能之矣
夫臣於君亦然能爲諍友則可爲諍臣也
聽言之道與進言者異彼非良士也非名譽人也一
且語我以隨夷之行舜禹之德曰是忠愛我而以
賢聖望我也其人未必善無暇計也我無大過也
無訾釁可指也一旦加我以莊蹻之規幽厲桓靈
之喻曰是忠愛我而懼我或納於邪安知我不如

其言也其人之有惡無瑕訐也故江海以善下為百谷王聖人以廣茹為萬善主攻玉以石石不美於玉也鍛金以炭炭不精於金也礪刃以砥砥不銛於刃也

以事練心萬感不搖其慮則心定矣以事練識萬變不惑其鑒則識明矣以事練才萬應不窘其施則才裕矣所貴乎人者謂其聰明睿智能代天工治萬事也惟大聖人能心與天符機與神合大賢而下必繇思習思之通也習之得也有敏遲有利鈍蓋什一千百殊焉性所同也才所獨也禹益之平

成伊呂之征伐姬公之經制藉使臯夔傅召當之未必能匹光儷盛也

穆穆言乎其深潛也翼翼言乎其齋戒也亹亹言乎其常覺也勉勉言乎其常運也天命不已故四序代行二曜久照聖心不已故倫物各盡綱紀常秩大哉心乎聖人所以合性命而成變化也歟之一掬而包括三才握之無形而出入千古非天下之至神其孰能與於此

淸虛上覆時象不爽謂天神乎調陽燮陰誰其尸之重厚下載品物咸亨謂地神乎奠山翕河誰其宰

之有無不測殃祥惟降謂鬼神神乎惠吉逆凶誰其操之故人於天地稱三才心於乾坤稱三極其精力智慧誠足以叅之也妙萬物者惟神極神妙者惟心極心之神者惟聖極聖之神者惟誠誠者心之本體天地鬼神之樞也誠無形而無不形誠無聲而無不聲至虛而實至變而貞渾淪無着純粹以精以其不可得而名故强名之曰誠

神者性之靈覺也誠者神之主宰也神變動馳騖感應萬端惟誠則萬神受職其思睿其視明其聽聰其貌恭言從其極至雨暘寒燠時百嘉鬯遂四海

和平不誠則神明化為魑魅曰狂曰僭曰豫曰急曰蒙其極至雨暘寒燠失序賢人隱閉寇賊暴與夫人之神與天地之神一氣也誠一理也故天人貞勝志氣交動

易有太極中之謂也陰陽無端剛柔無際仁義無迹寂焉其若虛混焉其若蒙湛焉其若洗自其四畔無着謂之中自其一理渾具謂之誠言中空寂者猶託似焉言誠則至空而至實寓也至寂而至變存也

君子之學莫先於定其心定其心在知所止心得所

止而後應物各得其止也以心之止應物以物之止處物於物無所加損吾心亦無加損故心一而已無寂感無內外無大小無常變將六師定九域歌雍舞勺以綏太平與督二三耕奴秉耒南畝一也爵賞在前刀鋸在後與疏水而終牖下一也

心止則一一則可以貫萬不止則二二則三其究以心化物至憧憧百端雖智慧能燭幾微敏捷足批紛糾視明覺自然者天淵矣故忘物之心乃可以御物徇物之心秪足以喪心

周言主靜本知止乎程言主敬本戒懼乎白沙濂溪

之遺緒也良知性善之注腳也心一而已心一則性一性一則教一止則未發之中也中即性也孔曾思孟其言一也末學自分師門抗旌而立異擊建鼓而爭是非何其陋耶詩咏敬止書曰欽止惟敬則止惟敬則中惟敬則自見天性若以枯寂厭物之心而求靜以虛驕凌世之念而言良知其不爲居簡而自恣任氣而滅理者幾希去聖教千里去天命萬里

君子之學其法天地乎戴圓履方遡皇王極終古吾以一身爲作對爲主宰其中瑩乎纖塵弗能染也

巍乎萬物弗能干也其識趣宏以卓矣自家庭唯
諾行寢影衾以至辭受進退毀譽患難鉅細必謹
惕乎執玉將墜也業業乎千均之弗勝也其操履
謙以約矣易曰智崇禮卑崇效天卑法地智也者
君子之所實見也禮也者君子之所實履也
人皆求得於口耳吾獨求得於心人皆求得於奇僻
吾獨求得於易簡凡求得奇僻者皆爲口耳計也
誠欲自求於心則舍易簡何之焉中庸言致曲言
明誠自慎獨極之無聲無臭至易而至神至簡而
至妙吾方體驗省察之不暇何暇緒七十二藏摘

一二近似語以簧舌炫衆乎哉易曰默而成之不言而信存乎德行德也者自得於心不可以告人欲告人而難乎其爲言者也

金木水土之相尅也剛制柔也水火金之相尅柔制剛也木有質而無骨以土爲骨火有氣而無質以木爲質然炎上趨下莫能易也金出於土而堅於土木植於土而堅次金然從革曲直無定形也柔者剛剛者柔乎土生金以自輝金生水以自麗毋子相養之義也水生木以自枯木生火以自滅火生土以自灰父子相代之義也土得水而潤金得

木而利水得火而温木得土而榮火得金而瑩祖
孫相報之義也水得土而有歸火得水而有止金
得火而能化木得金而成用土得木而著功君師
相成之義也土之剛不若金柔不若木然火煆之
而愈堅水漬之而益澤金木觸之而無損埃塊蓋
剛柔之得中乎其體靜其質重不流不淡不割不
華而流者淡者割者華者於此乎稟氣於此乎歸
根故有容者莫如土至壽者莫如土重靜爲君輕
躁爲臣之義也
國有聚歛之臣寧有盜臣蓋損上罪輕於損下益上

惡浮於損上聖賢爲萬世示戒至深切也今功令
盜邊餉至二百金殺無赦於盜臣用重典矣乃秉
均主計者位列公孤而悉搜海内庫藏以實内帑
侈豐亨使聖人御宇宜何以加法乎
溝遂畎畆截然井晝古之制地能如是齊一乎則稌
黍稻粱不當隨高下而播矣百畆二宅犂然井授
古之制民能如是均平乎則餘夫閑民不當有出
於八家之外矣古今地勢無變遷古今人情不甚
遠聖王所以經野授産亦因地之宜而不能强諸
地也亦導民之利而不能無遺民也均之使不至

偏擅限之使不能兼併則天下無菀財無窮人矣然獨斷於草昧之時易矯枉於承平之後難嗟乎漢唐宋之興未嘗無英辟柰何天靳王佐使帝王一體萬物之政遂湮沒不復行也

夫學學所以仕也夫仕仕所以學也教化刑罰錢穀甲兵一切簿書期會無非學者從簿書期會心無弗盡事無弗當則曰下學心無一不與性合事無一不與理合簿書期會即性命神化也故曰下學而上達不養交不要譽第盡吾心以默契上帝之心故曰知我其天

君子之學必先信其心而後可以致用繕性滌欲能無疵乎禔躬砥行能爲儀乎喜怒愛惡能勿乖秉彝乎人情物態能周知乎經常權變能合機乎裁成輔相能各得宜乎聖人命仕開仕開指其心曰吾斯之未能信是有志天德王道之全不以權謀功利自小其見也是遠慕唐虞三代之英不以富强禮樂自局其材也嗟乎今學仕滿天下吾安得若人與共談體用合一之學

汪子中詮卷二　萬曆丁未戊申集

無聲無臭天載宰焉不睹不聞性體涵焉自其太虛無着可謂之中自其太眞無妄可謂之誠至純不二也可謂之一至粹無疵也可謂之善故曰繼之者善成之者性易有太極至善之原也何以謂性無善也惟善故一眞爲主萬化自流曰無善故倫物可空天地可幻彼見性者於知性荄蘖分矣儒者曷取焉

聖人之心純然天理安乎仁也其次則依仁而未能純焉又次則理欲貞勝焉曰三月曰日月至言乎

分數多寡耳常惺常湛不違之謂也乍惺乍湛暫至之謂也

所謂無欲者豈必聲色貨利之相攻功業名譽之牽引而後爲欲哉塵情袪矣而增一解脫心行業脩矣而挾一鄙吝心功能著矣而動一滿假心皆欲也惡物之心未離物制欲之心未離欲必如晛出雪消風止波恬乎無欲則仁仁則聖

秦漢以後儒者不識仁字至宋儒始究晰其義曰愛曰覺曰天地萬物一體皆可言仁於仁體未能名狀也乾元資始而資始不足以明乾坤元資生而

資生不足以名坤精言之其太極不貳乎大德曰生已涉於用矣故仁不可名也名之曰仁謂一元渾蓄萬彙於此乎苞孕就體用藏顯之間而强名之也求仁者先求其眞體而已惟純乎天運故廓乎天覆惟纖欲不存故道濟萬物

天生物萬形分焉人有此已矣人受中萬理備焉禮與已俱來矣齋莊純一帝之降乎威儀動作之則民之秉乎克復云者治已以還其固有而已天下民物共一陶冶也同一心性也一日克復則一已之精神與天下相流貫天下亦與已相感通範圍

曲成悉在吾肺腑中矣故曰天下歸仁乃爲之由己取諸己而至足也視聽言動盡己之感應矣非禮則禁己自爲主宰焉去己本無還己本有此以人道完天道也

仁者人也仁人心也聖賢言人非一安見人心爲人欲也脩己爲己正己反己聖賢言己非一何獨克己爲私己也人心本來純是道心情動而物誘焉於是有理欲交戰故曰危克之爲言治也義與脩同而語覺深入耳訓克爲勝遂訓己爲私彼克明克謹克長克君曷又訓能乎可訓勝訓能曷不可

訓治乎因其危也而以人心爲人欲因訓勝也而
以克己與由己分二已此訓詁相傳之誤也
曾之魯眞魯也顏如愚非眞愚也魯者從篤實日新
而入撡脩密矣故以一貫語焉如愚者從沉粹明
睿而入識悟深矣故因問仁以克復語焉而其目
則在四勿試反觀於身有能黜視聽言動而爲己
乎其日與天下相酬酢視聽言動之用可勝窮乎
曾之唯唯其至一者也顏之請事事其至不一者
也學者無虛言一
萬情之搆接萬變之紛拏有不從心起滅者乎能止

能波能平能陂能爲聖能爲暴能與世能喪世能使天地清寧能使日月昏翳故曰人心危也理欲同行理少偏則爲欲欲得正則爲理性情互發性不汩則調於情情少膠則失其性端倪判於毫芒神妙起於聲臭故曰道心微也知微則危不能眩養微則危不能奪微乎微乎是中之宅而和之宰也非精無以研幾非一無以寧極精一而中得矣一中得而萬化無非中萬世君師之道淵源於此矣

所謂中人以上與中人以下非獨資禀高下亦其學

力有淺深也穎悟如賜性與天道至晚年而後得聞則可語上者惟顏曾二子而猶各俟其學力之至未嘗遽爲强聒也自中庸出而性命中和之奥昭若日月然其功在戒懼愼獨惟闇然自脩者乃可入孰知語上之不離於下也孰知語下之可通於上也聖人不輕語上者懼人之近厭實踐而遠騖玄虛也

近世儒者標良知爲宗旨欲學者脫去聞見反求其本心也又曰無善無惡心之體有善有惡意之動旣謂之良知焉得心無善無惡乎意旣有善惡焉得知

皆良乎心無善惡意有善惡知善知惡者又誰乎
知即心也心即性也惟性善故能知善性無惡故
能知惡孟氏良知良能正爲性善闡也彼言良知
本孟氏言心無善惡似本釋氏二本而强爲合其
能無矛盾乎
天有明命人禀之爲神明之官知起覺於物而未必
能偏物物受照於知而未必能盡知知意念自知
邪正而凝滯偏頗之未化如親長自知愛敬而庶
豫烝乂之難臻如好惡自知當公而導利親賢之
或蔽如是者皆物皆秉彝中之故物無一可解脫

無一可遺棄者也格致云者因心以求全覺非藉物而增本來如必以心知爲自足格物爲粧綴是執空明內照者爲心而洞察倫物者非心執鳥獸草木之爲物而不悟身心意知之爲物其於知不多窒哉然則格致之補確乎曰窮理者窮吾心理物之理非求在物之理也衆物表裏精粗數語雖非影響而意未甚瑩何敢爲先賢諱獨懼夫穿鑿之甚於影響也明心者且竄於明德也

近世佛氏以頓漸二教分南北宗而後儒論學亦若分頓漸然者予不敢謂然也萬象以極爲宗萬壑

以海爲宗萬國以京師爲宗謂聖教而有二宗乎哉極居中不動衆星環拱此精相攝也江河之赴海必逶迤千萬折而後至藩郡之赴京師必跋涉千百里而後達學聖人者未有不由階梯而能一蹴造也聖門有漸教無頓教其自道曰下學而上達漸爲學而頓爲教無是理矣

所謂誠致者非必知之盡而後求誠也隨其物之所觸而精察於知隨其知之所至即內檢於意身無時不脩心無時不正意無時不誠知無時不致且格物之方惟學問思辯當其格物而意若注之心

若凝之謂有先後而無先後可也蓋學者方離蒙養而就大學故聖經詳析綱目使其易知易遵非若中庸直抉性命之精徑先戒懼而不言格致也一念初起善利攸判自覺自省天不容昧此聖學至切要也然必存養無間故能隨動隨覺若以放逸之習成昏昧之氣未有能自覺者是故君子養之宥密雖萬變轇轕天真自如已發猶然未發衆人梏之旦晝雖閒居夢寐亦多紛擾因已發并喪未發夜氣方清真機來復爲人爲獸可悚焉懼矣

人生禀命於天血氣之神靈爲心神靈之精粹爲性

性卽天之所以爲心心卽天之所以爲命故曰剛健中正純粹精也

夫養性者非養於寂寞恬愉之境也心不離身性不離行欲養性必以脩身爲實地矣顧身世遭遇無常凡可以撓吾心牿吾性者何限而生死其最大者也養性者必反躬實踐一日有此身則脩之一日一息有此身則脩之一息可壽可殀確乎不貳其念是能以心性自主宰形氣之所不能囿造物之所不能制也故曰立命夫人能獨超宇宙者惟此身其受役於宇宙亦惟此身忘其身則超者常

伸有其身則役者爲累故能外生死以爲脩脩乃眞也而後可昭事上帝而後不受制於命謂讀書窮理可知性乎恐於性未融浹也謂反觀冥悟可知性乎恐於性有疏闕也内外交致是謂盡心乃涵養則尤要焉當致知而無涵養則天光不新既知性而無涵養則天眞不固知止者知性也知止之後繼以定靜安正言其涵養有據非馳騖非虛寂也解者曰心學相因之妙予弗敢知

人心之知從不慮而由者無假闢見從能慮而入者必由探索不慮之體得能慮而後克滿苐慎思則

通過思則惑故曰天下何思何慮又曰一致而百慮順虛明以照萬類謂之一致也用私智以鑒本真謂之憧憧也

或問孔顏樂處曰聖賢之樂非逍遙於物外亦非有欣戀於胷中彼其功深積久自有適於性而暢於情者尋其樂不可得尋其所以致樂可也知聖人之發憤者知聖人之樂知顏氏之竭才者知顏氏之樂

夫寂然不動周流六虛者蓍德之圓神也感而遂通出入以度者卦德之方知也人心之妙動靜與易

爲體讀易者皆能知之彼推釋而附於易何也釋言空一切皆空言寂歸於寂滅所謂感通典常者何在彼援易而爲釋文飾又何也謂其空與聖人之虛同典常既異虛者亦非吾虛謂其寂與聖人之寂同感通既異寂者亦非吾寂掇其精不過無住心無着相以還於無有攬其粗則夷方鄙俚之詞行貸孀誘之語爲吾儒者方整冠肅襟蹈履於名教倫常之内乃或揖志西嚮而皈依敬信之恐後其亦有故矣一曰喜新說二曰樂恬志三曰徼福利經生舊業見謂無奇一竊制科棄如脫屣惟

冥搜法藏取其玄渺不可端倪之論乃足以驚愚
駭世故索隱行怪者驚之塵境外擾紛紜靡定情
緣內擾滯而不化一旦投以清淨無碍之法奚啻
挹冷淵而沃中熱故厭勞好靜者游之愛生怖死
有物恒情執輪廻無據之說而號於衆曰誦吾法
可脫離生死可消宿業而諡功德故徇生倖福者
趨之有此三根遂成痼癖自晉宋齊梁以迄唐宋
天下之人無智愚賢不肖大半汩没其中無足怪
矣乃至於今而尊信愈甚始猶脩飾其餘唾皈淺
儒以所不知久且縱意誇張欲凌駕孔氏之上論

學脉曰得其骨髓者惟釋氏論造位曰時乘御天者獨如來汲汲於招引皇皇於講求若欲世之學聖人者皆歸於釋而誠敬存省之功俱指爲義襲目爲支離嗚呼何好誕不經一至此也繹四聖之微言闡三極之神化使天下知性命淵奧之旨悉備於易無復借空寂於西方是在反經君子矣

楊子云大器若規矩準繩夫天下烏有不中規矩準繩而可爲器者哉管晏之治國孫吳之用兵蕭曹杜房之相天下各時有得失其得者必程於古昔協於機宜其失者反是故器有小大廣隘未有不

規矩準繩而能適用者也

一友誦歎器章畢予曰聰明睿知聖人不自知其智也自視若愚而已勇力震世不自知其勇也自視若怯而已功蓋天下不自知其功也知爲天下勤事而已富有四海不自知其富也知爲天下宰財而已若知其智而以愚守知其勇而以怯守知其功知其富而以謙讓守此老氏雌雄之說中賢遠損之術也非所以語聖人之心

文士之言曰晉以清言亡宋以經生弱無益於世一耳夫身都將相而以神情瀟灑爲高以揮麈飲醇

爲適神州陸沉責復奚逭若宋諸賢謹持名義進退以禮所願效於朝廷者皆聖帝明王之術宋故未能用焉得爲罪乎今世紳衿之士間多談學而出入禪釋者不少其爲清言乎其爲經生乎願審擇而一於正毋自誤誤人而或誤及蒼生也

聖人以天地爲心故常欲以道易世欲易之則不得不與之故與士大夫言忠節廉愛與後生言篤敬忠信與耕夫野老言孝弟安分隨所與而有所易盡其性以盡人性也有所與無所易和光之徒歟弗能易遂弗能與守寂之徒歟

一人饑我饑之一人寒我寒之一人弗率我愚之有天下者常念此則君道盡矣爲守令監司至於公卿常念此則臣職盡矣今之署吏考者必曰稱職政譽雖隆民瘼未起吾不知其稱也

魯論戒寢尸內經患行尸人死斯惡之聖人亦惡之也士君子居廊廟而澤不及民是曰尸位處山林而德不加進是曰尸生形在而神已逝骨立而精已亡豈惟人見之而惡反諸心亦當自惡矣猶且怙權勢行胷臆乎是謂尸橫猶且問田舍恣淫佚乎是謂尸樂

自誠明謂之性誠即性也知性者知此盡性者盡此
誠精故明合天地人物處之各當也誠神故應遍
天地人物與我爲一也一日克己復禮天下歸仁
誠而已矣

仕宦者布衣疏食人以爲矯吾不知其解也仰事而
俯育夏葛而冬棉試計五六品之祿僅能供十口
之家等而上之至爲卿相未有能給百口者也將
必家絖綺人膾炙乎非濫情於交際則染指於贖
鍰是道義之所禁也律法之所繩也可凜凜懼矣

吾人日用飲食各滿其量而止既醉以醇醪既飽以

肥鮮未有不滋毒者也今之居崇高享厚膴者盍亦思其量矣上焉者果能調燮寅亮乎下焉者果能激揚保釐乎德卑而位高功薄而享厚非人罰也則有天譴有能進哽噎之祝獻實筵之雅是藥石而生我也當百拜受之乃仇讐視之乎

乾乾不息合天地人物而爲性命根也曰如如不動曰綿綿若存意亦近似第見寂而遺其感見虛而遺其實彼皆冥悟玄覽高世絶塵之士也惟所見始差毫釐終於千里衡道君子其安能無辯

乾乾不息者性之體也其於穆不已之真精乎在天

曰明命在人曰明德寂與感性所乘之境而非性之體也感不可言性寂亦不可言性曰人生而靜天之性也此非仲尼之言仲尼之徒言之也然則未發之中非乎未發非寂也剛健中正乾乾者自在故曰中曰大本乾者天之道也性即天也

先天畫卦有象無言而天人性命之精涵矣執中垂統有言無贅而憲天理人之蘊具矣聖人無貴於言憂天下後世而有言言之多道之漓也故典謨諄諄不足當羲皇之一畫洙泗斷斷僅能注陶唐之一語

人情狥生託無生以忘之人情怖死託不死以避之人情畏禍福託地獄因果以悚之其爲教亦欲救濁世也其究使善愚灰心而棄民務習怪而敗彝常信彌深大亂彌起聖人知生死之說而不言死知鬼神之情狀而不語神存心養性以完有生毋問死可也以昭事上帝毋問地獄可也

楊爲我非故自利也彼見以爲人各一我我得其我而道盡矣烏知我不能離人也墨兼愛非故市恩也彼見以爲天下一身愛徧天下而道盡矣烏知身爲天下本也釋之見性非故談空也彼見以爲

萬物皆幻一性獨眞吾見性而道盡矣烏知性不能離倫物也楊墨任心而不求諸性釋氏求性而併稿其心總之昭曠未徹釋中不審其爲偏私賊道一耳是以聖人首執中而貴精一

楊未嘗無君究其弊則無君墨未嘗無父究其弊則無父於陵仲子義讓千乘聲動齊國猶直斥之曰人莫大焉無親戚君臣上下今有明棄君臣離父子以求清淨寂滅者而孔氏之徒乃羣然舍所學以尊信之甚且舉家齋素宗廟廢犧牲之祀庭闈去甘旨之供兄弟婚姻絕往來之奸徒欲守清淨

以見心性以徼福利是梁武智於湯武蕭瑀張商英輩賢於孟軻也本好怪而反得癡語超悟而實大迷可惕然省已

性不能離物而為性萬物各備於我性之實體也物非能離性而為物物則出於秉彝物之真原也窮理者非窮在物之理窮吾所御物之理而已格物者非格在物之物格吾所自備之物而已能知備物之我與備我之物渾合而不二也精粹而無疵也是謂知至知止是謂知性知天

知止云者窮理之至真見明德之體純然天理湛然

無欲德必止是而後爲至善也德之在心以寧靜
而凝以紛擾而昏能靜安者其不睹不聞之境乎
能慮者其研幾天人之際乎意從此誠心從此正
內聖外王總歸於天理之極故曰得止

一友問忠恕可當一貫乎曰道一而已粗言之則因
心應物精言之則從心不踰淺求之則平情順施
深造之則絜矩平治有精粗深淺者心思之徹與
未徹學力之至與未至也無精粗深淺者漸徹而
同歸於徹漸至而同歸於至也故孝弟忠恕皆庸
行也充孝弟之極太和彌宇宙虞廷樂作而鳳儀

矣充忠恕之極至誠贊化育孔聖文成而麟至矣
人之生也至一者心性具足天實命之至不一者氣
數盈虧亦天實命之知其至一者而力脩焉委其
不一者而順受焉謂之知命具足者於我克完盈
虧者亦惟我旋轉謂之立命命何以能旋轉也孔
孟厄於遇而亨於道顏冉短於年而長於德窮通
壽殀烏能限之故立命者自立之謂也自立者不
受損於人不受制於天

唐以詞賦羅士漢以訓詁通顯今之爲舉業也格高
於詞賦義精於訓詁炳蔚乎其文矣一登巍第棄

若敝帚向所爲沉思苦索竭半生精力而得之者皆無用物也曷不就其文而蹠其實體之身心措之行事達之辭受進退柄用則三代之英也卷懷則洙泗之徒也胡爲乎喪本心而役塵俗前虛半生精力後負半生遭逢迨至老死所得者何在哉悔心萌焉當不瞑目矣

吾鄉有年少篤信佛者得羸疾彌月度弗能起則屬其家人先爲削髮併製僧服以斂曰吾將徃生西方淨樂國也邑人士無不笑其愚者噫彼年少誠愚不有鉅儒名俊簧鼓其說者乎聖帝明王之宇

禮樂冠裳之區東夷西戎有跂踵內嚮而不得者舍此弗樂欲别求淨樂乎佛本託言色相愚夫遂結妄想不謂儒俊下同愚夫也

或謂韓子贈浮屠氏曰其中泊然無所起其於世淡然無所求允若茲則顏氏之境界也又詆佛者何居曰淡然泊然者心無罣礙之謂也祇可言佛未可以語顏子顏子之學聖人之學也發憤者何竭才者何其精神志慮有所專注靡須臾可間焉是故疏水非困陋巷非憂不知其爲困與憂也適與淡然泊然者境相似也得其境不得其心山林枯

寂之士豈少於世乎哉

或問上帝所居有瓊宫玉闕果然乎曰蒼蒼上浮者天也二曜代旋五氣流布若默有主宰者焉故謂之帝曰上帝鑒觀曰克配上帝皆自其主宰者想像而稱之也帝必有居處焉有侍從焉有儀衞焉有臣庶焉引而伸之不可勝紀矣因意得象因象得名不可謂之有不可謂之非有

或問瞽瞍殺人臯陶執法不已刻乎舜不禁法竊負逃法不已迂乎曰孟氏之論見天下不可一日無法尤不可一日無親兩兼重而兩自伸也若以事

理論之舜以天下養必尊處深宮備具臣從何至有殺人事即有之亦下罪躬之詔刑其侍從而止何至棄天下而逃棄天下易掩竊負難知而縱之逃而舍之是罪人終倖免徒令天下失聖主也皐陶於是乎窮矣

一友問四勿制諸心乎制諸視聽言動乎曰知其非禮者心也知其非而禁之者心也視無形聽無聲信不言敬不動君子之齋明其心有無體之禮焉故隨所感觸有非禮即覺覺即不設於身體也勿之主宰在心勿之應迹在外內外交脩形神俱徹

斯之謂復禮
天下有色莊而不由中者未有誠中而不著外者燕居狎處而有媟惰不敬之容廣衆劇談而有浮游不斂之氣皆此中涵養不密也密則無是患矣故威儀不足以肅觀言辭不足以孚聽君子恥之非恥其外之疎也恥其中之不密而宣諸外也
闇然而若晦瑩然而內惺者君子之學也惟外常晦故內常惺神凝於寧一志專於深造馴至德日新業富有惺之極也惺之極者晦之極也其外瞱瞱其中有存焉者寡矣

君子之學必日新不日新則日蔽未有常立於不新不蔽之間者也故涵養欲其日深刮磨欲其日淨講習欲其日勤敦行欲其日勵日知過日能改過日見善日能遷善此進德修業之實功聖人所爲惜寸陰也徒曰吾一日妙悟更無可用力心月偷氣日惰終日不知一過過日積矣終日不聞一善善日損矣優游若是日月幾何遂書之以爲日箴

或問釋言山河大地皆吾心妙明中物似非一於無者曰此正是無中虛境而未覩性中實理也聖人仰觀俯察山川流峙卽心之動止寒暑往來卽心

之慘舒釋固彷彿見之然而效法則有象矣經緯則有章矣調燮則有軌矣合天地以成性必配天地以成能妙明中中體用寧有一毫虧欠滲漏哉徒曰妙明中物而彌綸參贊闕焉無有此物與此性止相觸而不相一本相合而不相成也謂之見性可乎

柳宗元曰古之急生人者莫過於伊尹夫皇皇四方席不煖突不黔者何爲寧獨尹哉舉世莫宗周公蔓絶猶且勤删述精筆削以開來世其於急生人無已時也苐信鼎爼之誣曰大人欲速其功則宗

元藉口先聖以蓋其黨權之失耳夫使黨權而可
濟世聖人無阨窮日矣
人惟一心心惟一敬事有大小有常變此常惺常覺
之心無瞬息可間有間則離道矣子夏曰大德不
踰小德出入當其不踰者何心當其出入者又何
心毋乃紛華靡麗之念竟未能絕乎然則西河教
授亦直以文學鳴爾而使人疑於夫子何也
佛氏之教以淨三業修三昧爲入門以離生滅脫輪
廻爲究竟此西夷中一種世外法耳其周游循乞
說法聳衆正與齊梁時相類然君臣上下未嘗盡

從其教也假令盡從其教皆淨體誰爲生育皆托鉢誰爲耕稼西方之人類澌滅久矣嘗試取長生說與佛並觀一鍊氣化神鍊神還虛一攝心歸性攝性常住總之爲谷神不死一語道家謂老子出關西遊于闐諸國化弟子成佛理或然也夫其剖愛于天性所見雖徹巳非吾仁義禮智之性斷塵於出家所覺雖滿何裨於天下國家而中國儒者乃傾心崇信至併老氏與吾儒列而爲三或陰獵其說與聖教混而爲一在五代晦蝕之時猶可言也當聖世教學大明而有此謬迷甚矣然則人其

人火其書可乎曰彼自爲出世一法於聖學若駢枝然閒曠之士資其淨以恬心强戾之夫資其慈以易惡鰥寡孤獨廢疾者賚以有養雖勿去可也故今之與佛辯者非辯純佛也辯夫中國之引佛而混儒者也

君子常見已過不見人之過故終能改過常人惟見人過不見已之過故終於有過君子之心常存存則內斂故其省已也精以密聞人謗已則曰是必吾有遺議不然則素行不足以取信也聞人譽已則曰吾何修誤被此名倘過情反以階辱也或告

之有過曰何幸而藥石我久不聞過曰豈吾以滿假外拒而仁賢遂忘我蓋終日凜凜焉如集木如履氷德安得不進常人放其心而不存也忽其身而不知省也聞謗則悻然以怒聞譽則翹然自喜或告之過則中慚沮而外爲蓋藏如是而欲德之修難矣是故厚責己薄責人者無暇於爲人也厚責人薄責己者無心於爲己也此損益聖狂之所繇判也

夫是非之淆久矣是者以非爲非非者以是爲非是中未必無非非中未必無是惟眞是之是無非眞

非之非無是所謂眞是者眞與是交至之謂也天下有眞而不是者若季札讓吳仲由殉衞之類有是而不眞者若鄭伯存許晉侯朝王之類眞必求其是是必求諸眞然後可言眞是故君子以立誠爲體以精義爲用物情紛糾事變百出非洞析於毫芒難任心而獨斷故曰精義入神義有制而神無方

江海不自有其深故萬派滙焉聖人不自有其大故萬善萃焉智士以㷀㷀自負則其見狹矣節士以皎皎自標則其植薄矣惠士以煦煦自滿則其施

淺矣故外其身於天下者乃可以任天下虛其心於萬品者乃可以材萬品矜一曲之行挾一官之能一旦高據衡軸遂欲坐服天下之豪傑籍忠讜之口而莫敢誰何吁此聖人所爲嗟斗筲也吐哺握髮者何人可淸夜思矣

天命之性烱然常覺曰天神天明純然至善曰天精天粹葢上帝賦畀時二氣之冲和五行之靈秀人獨得之羣物莫能並焉其最和最秀者又惟聖人得之庸衆莫能及焉故人與物之生皆可言性而其類殊其性亦殊聖人與人之生本同一性而於

性獨完則於類首出自大賢而下未有不由學以
復此性者也所學惟何烱然者或少昏焉復其常
覺而已純然者或少襍焉復其至善而已
當官之士以寬厚爲弘度而吞舟之或漏也以擊斷
爲風裁而雉羅之或誤也漏者不能懲惡誤者適
以長惡而且令良善含冤故誤之害尤甚於漏皇
華之詩曰周爰咨諏繼之曰咨謀咨詢咨度蓋民
情事變耳目難周勢不得不咨於人既咨矣而單
詞或闇於全察一曲或歉於通方自非虛中參伍
恐刑賞因革之議未必能悉當也常見當道咨一

事於賢者而賢者先惑於浸潤也先蔽於膚受也當道深信而力持之其貽禍不淺故曰誤之害尤甚於漏

士君子策名熙朝蒙主知登要軸可謂不世遭逢矣一念齋明澤被寰宇一日矜修光流奕世其不然者上愧吾君中愧吾身下愧蒼生望時不可不惜也幾不可不慎也雖然仕奚必要軸桐鄉令可媲甘棠也上元簿可方單父也又奚必縉紳匹夫發憤可素王也鄉人可濬哲也時不可不惜幾不可不慎凡具五官而爲人者當惕然矣

試觀地之生物春布稻夏布菽粟秋布黍稷冬布麥方見其萌倏見其苗方見其秀倏見其實莫信於大造靡一時爽焉莫勤於化工靡一日曠焉夫人也含天之氣食土之毛而宴安之是懷塵俗之是競學問不加進也行業不加修也如負此七尺何四德以爲四時六行以爲六穀方萌而即培既秀而必實庶幾自强不息之義乎蓋予日夕田間感耕稼而不勝内愧也

百工之事曰工凡有事於朝廷有事於田野者皆工也書曰惟時亮天工曰無曠天工係工於天明其

爲天經營助天興作也故凡任一官效一職微而
抱關擊柝無一日可曠其事者夫德行道業亦士
人之天工也是天之所命以盡己性而盡人物者
也一日曠官君罰之一日曠學天得無厭之乎
仕優則學學優則仕此分學與仕爲兩也此以誦讀
爲學以簿書剸裁爲仕也虞廷命官分職無非事
者然君曰欽哉臣曰儆戒何事非學乎爲誦讀之
學則經世理人咸具方策爲德性之學則誠意正
心自妙經綸合性命誦讀而爲學者誦讀學也簿
書亦學也有時誦讀未交簿書未涉亦學也無一

時非學無一念非學謂學以學所仕仕以行所學
者猶未免爲兩也
乾道之稱大謂其能大生也坤道之稱廣謂其能廣
生也戴乾履坤而稱人者可自小自狹乎以太極
爲一本以億兆爲同氣蠻夷戎狄皆吾同室鳥獸
草木皆吾並生一民不安若關吾疾痛一物未遂
亦惻然不忍故覆載之功欲自我而參贊也唐虞
之澤欲自我而再造也仲尼志在東周與伊尹任
同時無一德之主遂歸老删述易之見龍曰善世
而不伐德博而化仲尼所自謂也然天下已文明

矣

帝降有眞明人心有眞覺物至而知起知者吾知其爲知不知者知其爲不知此知不緣聞見不假探索是謂眞知不以精明而有不以昏昧而亡是謂常知從其眞知常知者擴而充焉至於無不知是謂聖神之知然則聖人何以有不知曰知其所可知不知其所不必知是謂中庸之知惟中庸故聖

眞君子與眞小人易辨也有介乎眞僞之間者以爲小人乎則依托名節有時而類君子以爲君子乎則閃爍權利有時而類小人所謂大道委蛇耶與

時屈伸耶機有可逢亟附之以取高位勢有必反先背之以徼後名造乎末路幸其所附者之瓦全也則身無恙幸其所背者之氷消也則身益顯一不幸而所背者先退則其言不中所附者速敗則其名並汙噫此皆以窺瞯竊天功竟無如命何也吾見其人矣吾睹其心矣

唐虞之世鴻荒始闢然曰文思文明曰文德文教則文治固昭融矣蓋經天緯地敷教明刑修六府和三事聖人之所謂文也三代遞興不過損益而潤色之至周乃大備耳非夏商以前純用忠質而周

人純用文也曰尚非聖人意也曰野曰愚曰利巧
民情自淳而漸漓是聖人之所欲挽而還諸樸也
彼所謂妙明圓覺者離塵想意識而爲言者也吾所
謂神明聖智者涵四德萬善而具足者也妙明之
極至於照徹山河超脱輪刼然其境虛其爲教在
色象之外神明之極至於彌綸天地阜成萬類其
境實其爲教在倫物之中夫古今上下人惟一性
神明與妙明豈有二哉第抱其妙明以出世則私
而隘順其神明以經世則公而大故毫釐之差無
待於棄絶倫物當獨抱妙明時而偏全大小之不

同量已千里矣

聖人緣性命以修教念則聖罔念則狂得則治不得則亂天以清地以寧生以順歿以安此三極大中之矩千聖弗能易鬼神弗能違也釋氏空其性亦空其教功効無可見而託之寂滅不滅又託之因果報應又託之祈禱懺釋其說杳冥而近鬼能使王公士庶貪怖而競趨聖人曰未知生焉知死未能事人焉能事鬼若逆知後世有以生死鬼神之說惑衆者而以一二語預覺其迷也

一友問某久志於學苦不得其門而入敢請曰子所

謂不得其門者曾念茲在茲乎抑作萌作輟乎聖
經賢傳披卷皆格言三百三千舉步皆實踐誠念
茲在茲子其升堂久矣於入門何有故學者有真
念則自有真師如見羮墻如臨師保志之一精之
極也

荀卿言師前王不若師後王謂時變相近而易遵也
夫法者古今異宜故可取其近若道原於天性萬
世如一非若法有新敝也天以授之羲堯羲堯授
之舜禹舜禹湯文遞授之至周公孔子其精微載
在六經炳如日月由而化焉則聖修而守焉則賢

曾思孟軻得其宗於聖亞矣周程張朱探其緒於賢優矣其他升堂躋奧不可謂無人顧或任心養寂或借徑標奇非滯焉而未化則流焉而失中延及末學襲成口吻展轉詖淫則皆好師後儒而不師前聖之過也有豪傑者出必將超越千古以羲文周孔爲師身服六經之繩墨心會數聖之精神宋儒而下醇乎醇者采焉其繁詞詖說則姑舍是庶幾孔孟之後復有崛起而任聞知者中天砥柱其在茲乎不然而沉溺於新說之競浸淫於西陲之遺雖自謂玄解其於先聖宮墻猶望洋也

凡言悟而探索於窈冥者非真悟也如其真悟必顯暢於德行矣凡言修而依倣於迹象者非真修也如其真修必究徹於性命矣故達之家國天下而恩義政教各得其理者悟之至也反之幽獨方寸而天地鬼神可默相對者修之至也悟之至宇宙一身修之至天人同體有能見其一不見其二者吾以爲顏曾之徒也

不能立而倚者倚於中之外也中立而有倚倚於中之內也凡名理所是以有意持之則成障事變無常以先入主之則成滯非有精明之卓識有堅忍

之大力者孰能化適莫而裁於正融信果而克其偏乎蓋執中非執一能立亦能權是謂君子之强

墨之兼愛施於親始孟子猶惡其二本別不愛其親而愛衆生不敬其先靈而敬諸神鬼彼何人哉而以爲通於性命之與吾弗知之矣試觀如來設教不過以寂覺脫離生滅達磨西來亦惟是以彼清淨助化氛垢未嘗敢高談性命以與吾聖人之道抗衡其輔翼而誇詡之與吾道抗則小儒好異者之爲也家有庭闈之親國有冠履之義而廢義滅親之敎是崇是信在齊民且不宜爾而況誦法孔

氏者耶身膺簪紱者耶

六經聖心之精藴天地之樞紐乎經作於聖心非獨聖心有也亦先得我心焉耳博觀於經即心即聖反觀於心有聖有經如讀易而得心之變化讀書而得心之經綸皆因經證心非藉經而生心也尚綱刺淫潛伏憂亂觸類見心乃足以發明聖學古人體驗眞切如此故經一也以糟粕視之則糟粕也以神妙求之則神妙也有能誦詩讀書而自得其心忠孝羣怨具矣虞夏商周若一堂接矣謂窮經爲支離者人自支離於經何預

天之高可晷測也六合之廣可尋丈度也皇帝王霸可屈指數也莊生任其曠誕遂舉而齊之曰泰山秋毫等大耳彭殤等壽耳絕去聖智逍遥於自然而可矣其言似然實非然也山林獨善之士可借以自抗而不可以涉世可引以自恬而不可以御物使天下學士大夫而溺其說勢必縱情滅性棄軌裂維清談之禍不旋踵至矣將無同一語憂世者宜亟防哉

或問地獄有諸曰上帝至尊至神也至明至公也死者而有靈周公仲尼必在帝左右顔閔曾孟諸人

必不對簿於酆都之庭子憂不爲顏孟耳胡爲而有是問哉且人生而氣聚死則氣散淸明者從天濁𣞙者從地皆氣之自爲也子姑務齊明其心峻潔其行以與天合不然而自淪於𣞙濁焉其孰能脫之

或問佛言了生死聖人不言何也曰朝聞道夕死可矣聖人亦嘗言之盡性踐形全受而全歸生旣無忝死復奚慮晝夜相代也寒暑相禪也聖人達觀於生死之際亦若故常耳佛氏貪生畏死欲以覺性不滅而脫離之有計較生死之心則不能超生

死有徼求福利之心則不能得福利智者當自辨之

大庭赫胥之世君標枝民野鹿故無爲而化可行也唐虞而後兢業其心熙亮其政禮樂法度以攝之忠孝廉節以維之猶懼其不能長治漢初天下始脫湯火其民惟休息無事爲幸漢文偶用之而致寧一則其時使然非盡黃老之效也且夫五千言者果純於道而粹於德乎彼其閱世久觀變熟守柔守雌直將嬰孩一世而自處於不盈不虧之地曰絶智故智乃彌深故取予張翕縱横之作俑也

芻狗民物條覈之發機也曰猶龍必非仲尼語其
徒假仲尼以爲尊也
鳳鳥之來或聖世所間有也若河圖亙古一出安能
再出聖人胡歎及此哉蓋歎易也韋編既絶翼繫
既成聖人之心恍然與羲文遇而面承其咳唾故
感而且喜若曰鳳至而文象作圖出而羲畫彰是
天啓斯文之秘使吾得繼二聖而闡其緒也嚮令
天愛道地愛寶則易不可見吾何以窺乾坤之蘊
而洗心於藏密哉吾何以發彖爻之用而吉凶與
民同哉吾已矣夫者幸其得與於斯文而不遂已

也

天下大器也以天下爲任至重矣以仁爲任視天下孰重耶任天下取必於勢任仁取必於心任天下期於博濟羣生任仁期於兼融萬善一民未被任天下者恥焉一私未淨任仁者愧焉惟眞能任仁斯眞能任天下見龍者仁之見也潛龍者仁之潛也惟仁而後可稱龍德

聖人之敎有上下而無頓漸其頓其漸則學者之自爲也吾欲頓誰能緩之吾欲漸誰能速之顏氏有不善未嘗不知知之未嘗復行此顏子之自爲頓

非聖人所能啓也聖人始誘以博約繼進以克復語上語下漸則有之未見其爲頓也

有不善未嘗不知知之未嘗復行明之至勇之極也顔子向以能然其在深潛如愚乎精華外詘神明內斂惟常斂故常覺惟常覺故常勇後世學者志昏於紛擾力怠於優游乍明乍暗一暴一寒是以終身言學竟頹靡無成也可哀也已

夫學以盡性成身非爲名也名不可慕亦不可避有意慕之則必有矯飾而自炫者有意避之則必有畏縮而自餒者其究爲溝澮盈爲半途廢皆不誠

故也惟篤實君子操修獨反其眞名譽不關其念吾知盡吾性成吾身而已鼓鐘於宫聲聞於外名至懼過情也吾以内省名不至懼無實也吾以内省

予嘗謂士有出世之心有經世之才又有玩世之量乃可以有爲於天下由今觀之生斯世守斯道朝野家邦肫肫其相與也何敢言出衆寡大小凛凛其相接也何敢言玩出則有曠然獨高矣玩則有混然苟合矣心與迹判道與時汙毋乃不祥人乎故世不可出淡於梁焉可也世不可玩和而正焉

可也且治亂窮通莫之爲而爲吾安能必有爲也造化之運陰與陽而已王者之權賞與罰而已民心之公是與非而已陰陽不忒則四時序賞罰不愆則萬職理是非不淆則羣情定宇宙所以長安國家所以長治無出此矣盛世賞罰與是非合中世賞罰間與是非左末世幷與是非自相爲左或自相爲比忠者所是佞者所非正者所是邪者所非上之所是下不敢非貴之所是賤不敢非相左者競相比者蔽於是賞罰倒施而禍亂隨之是以聖王設鞀懸鐸明目達聰虛中以朗鑒而浮誕不能

惑也

仕則爲簪組之臣不仕爲耕稼之臣分自無逃義亦無廢聖人皇皇得君以天民在我不敢私一身而外天下也故世治則匡秦保豐世亂則扶屯濟蹇斯之謂代天工然則君子無有隱乎曰天地閉敢不括囊唐虞聖吾可洗耳度其時度其道焉而已矣

人臣進諫於君必積誠以感之婉切而達之毋翹君過毋暴己直幸而聽曰主之聖也臣何能爲不聽則齋心而補牘兢兢精白可對蒼穹乃可叩紫闕

卽終不聽而譴斥隨之終身不敢有怨言蓋予讀
幾諫章而知子之事親其懇惻婉至無所解於心
也諍子諍臣道一而已故曰孝者所以事君後世
論諫曰機智勇辨以濟其忠夫人臣不務積誠而
任術以冀君之聽匪欺則要君子無取焉矣
然則左師用愛四皓弼儲非乎曰此迎機而婉導正
誠心懇惻之所爲也遇巷納牖聖人固言之非若
嘵嘵唇舌以求事可以爲名高也求事可名曰守
職爲名高不忍言矣
易有太極至善之凝蓄萬性之一原也太極不能不

分爲陰陽性不能不發爲心知象立而剛柔見矣
知起而純襍參矣其眞原固未嘗襍也安有不善
然則物之性與人同乎曰氣類偏則靈蠢通塞異
耳其眞原未嘗不具毋論麟鳳騶虞彼匹居者羣
長者將雛者返哺者憫胎者皆善之偏呈也然則
虎狼何如其類聚其愛子其感義亦何嘗不善人
獨惡其殺生物而食耳生人之初皆茹毛飲血至
稻粱充牣猶擊肥烹鮮不止何獨以殺生物謂虎
狼惡也
凡從心生者皆謂之性凡從天降者皆謂之命故聲

色臭味皆性也而聲色臭味中有秩然中則者乃爲眞性窮通智愚皆命也而窮通智愚中有純然作宰者乃爲眞命自生人能言以來則有性命二字顧言各有所指耳如人受天地之中與莫爲莫致之類皆可言命而所以爲命異也

天生萬民五官同百體同也或智而聖或蠢而愚或德配神明或質侔草木何厥初形神之一而後乃懸絶也試蚤夜思之必有赧然內耻悚然中惕者矣耻斯憤憤斯激激斯勉惕斯慮慮斯明明斯勇其於志若或鼓之其於學若或翼之矣凡志之靡

而不立學之情而不振也皆起於不思其思惟何
思天之與我者本與聖同與天同吾不敢獨負天
而遠聖也
廟堂無公是斯天下有清議或在庶僚或在草莽然
非盛世事矣故在下者不願有清議之名在上者
不可無畏清議之念議而防之不如疏之是則與
天下同好非則與天下同惡利則與天下同趨害
則與天下同避何人我貴賤之有焉此非虛心問
學資與道合者不能幾也
士君子以清議維世亦度其言尚可進時尚可幾

危不入亂不居敢以言賈禍乎坤之六四陰進
而盛其繇括囊夫使君子不得已而括囊而于野
之戰玄黃之慘至矣漢唐季世下不審括囊之占
而務以口舌勝上不戒玄黃之漸而務箝天下口
故身與國爲殉國與士偕亡也悲夫
自古馭戎惟戰守和三策貢市者和之美號乎其義
正其體尊漢唐所不能望也備而不弛制而不縱
可爲數世之利外縱而內弛異日憂方大耳搗巢
者戰之詭功乎暮夜爲寇行刦殺於境外旦日擁
衆來問無敢彎弓以應所刧殺首虜纔數十而焚

掠室廬以數百計驅丁壯男婦出塞以數千計此漢唐所不屑爲也修築者守之虛名乎棄疲散之卒從事土石無寧日甲朽戈鈍誰與乘障虜壞墻而入如履平地耳夫中國兵力之弱無若今日胡運之衰亦無若今日兩强足以相敵兩弱足以相安有如虜盛而騺驁橫行如也先俺荅時不議邊計安出也故選將練兵礪戈蓄馬不可不預圖也緣邊諸郡邑脩城峙糧教民習騎射作勇敢不可不預講也未雨徹桑時哉勿失

古人之慎言非一端矣知之未至則慎行之惟艱則

愼道不同則愼色未投則愼時當諱則愼幾欲密

則愼君子於其言無頃刻而可忽也㝷於三緘見

古人百鍊之心焉心以鍊而愈小行以鍊而愈純

量以鍊而愈弘業以鍊而愈廣寧獨於言而已

古之君子恥言浮於行寧行有餘而言不足也恥文

浮於質寧質有餘而文不足也恥名浮於實寧實

有餘而名不足也恥祿浮於功寧功有餘而祿不

足也是以葆光於闇舍采於樸雖勛烈震世目視

歉然雖岩林終老自處泰然矣

古今交戟之爭或以事或以人事所爭者是非人所

爭者邪正而是非邪正未易明也青苗顧役騾行之則見其擾善用之未必非利用法而不得善法之人使天下嚣然稱不便又併其議不便者而佚擯之禁錮之其何以解於天下故金陵之黨曰甲而元祐諸賢愈重洛蜀之相攻也本以浮薄與繩檢競其失在蜀顧道義自命而屈伸勝負之感未能忘情洛亦未全得也夫自古所謂小人者其初豈必皆險賊無良頑鈍無耻哉蓋亦有矯矯自好者焉迨私見一起轉滯轉迷始被以不韙之名勃然不受而終竟蹈其實噫可畏也已

君子所以取信於天下者在自信其心信心必先信於身而後家國天下可得而信也有人曰吾心常湛寂矣靈瑩矣宣諸口動諸身能無縱逸乎謔浪粗鄙能盡除乎百體酬酢能悉歸繩約乎心之所許未信於其身則徵之家庭房闥不信可知也徵之鄉黨朋友不信可知也而况其遠者乎秉剛心袪俗習致禮治躬君子宜兢惕焉毋徒曰信心已也

以小善爲無益而弗爲以小惡爲無傷而弗去始於一綫終於滔天其積漸致然也故流俗之所安吾

姑安之流俗之所憚吾亦憚之其人未有能振拔者是以君子日夕懷憂曰我未免於鄉人乎爲鄉人不已將歸於小人故取予嚴於一介善利謹於幽獨守道蹈義當生死而不易也

樂天知命聖也憂道不憂貧君子也未見此道而亟求見焉若饑寒迫膚不能自存也既見亟求得焉若饑遇稻粱寒遇布絮惟恐得之不蚤也至身外貧窶雖饑且寒若浮雲飄風曾不以干其念彼視道爲重身爲輕視道之得失雖窮通生死不與易曰窮通生死有命也簞瓢陋巷回庶幾樂天知命

之境乎屢空正見其深於道謂近道又能安貧似二之也賜亦先貧矣不受命而事貨殖則世味混道心淺矣然頴悟次回其於道以億想推測而多有合焉藉令不混於世味其進於回何難哉若云料事多中則武仲之智而已奚以與回並論也夫回賜之別不在知二知十志專而力勇則爲回志分而力緩則爲賜專與分緩與勇在乎安貧與不安貧而已以賜屢中非不知貧富有命但不能降心以受耳學聖人者宜於屢空曰三復焉惟受命而後可語立命

農美於芬華舍南畝趨姦利矣賈競於豪俊走死地如鶩矣士急於顯榮鑽穴隙弗羞矣舉天下熙熙攘攘能受命者誰乎無論流俗卽志士才人玄論高跱臨利害而易節當要軸而變塞者有焉鳳鶚鳴也蘭茅化也百鍊之剛爲繞指柔也皆不受命故也惟不受命而違心拂性之行濡忍弗能絕此聖賢豪傑所以罕見於世也

夫阨窮外追則怨尤中起雖緼袍不耻之賢猶慍色於陳蔡故聖人以知德進焉知德者非苟知之而已識達於天數機深於養定俯仰天人覺兩儀同

體干聖合符矣故衣褐而藐王公羹藜而薄晉楚
雖生死利害變於前寧足動其中乎聖人樂天不
憂知天者至也學者弗講於性天之奧而能抑畔
援以安恬寂難矣
聖人曰富貴不可求也没世無稱君子疾焉豈惟富
貴哉巖穴之士欲潔志砥行以見於世名譽之顯
晦亦有分矣逸民七朱張無考晨門荷蕢不知誰
氏自古賢人卑棲戹處名不出里巷貞夫烈婦値
衰季沉淪草野者曷可勝原哉秉彜好德者性也
禮義廉恥者行也性不爲名有行不爲名脩蘭生

幽谷無人自芳松柏長於深崖歷千歲匠石弗過寧易其歲寒節也

賜之貨殖非必徵逐貴賤仰取俛拾如陶白之爲也彼自負明達之材謂仁人博濟民物聊試於家以見奇耳一聞聖人之教當播然止矣回之屢空猶有箪瓢可給陋巷可居也使併箪瓢無之其能以窮餓終乎委吏乘田可仕也耕稼版築非其力不食也安見夫不受命也

敎士以三物取士曰賓興法莫善於周矣兩漢之選舉古意猶僅存焉唐宋而後獨以科目爲招以文

詞爲的間有徵辟亦嘗得俊傑何至今遂寥寂也
且夫蓬首跣足露索而後入試上賤士士亦自賤
始進旣賤後安能自貴故有志之士未嘗不抱耻
顧非是無繇自進耳然則如何而可曰先以德舉
而明膚端方之士崇矣次以行舉而孝弟恭讓之
士收矣然後萃拔其文藝如今科目法德行優而
文不入彀者廩而待次如今貢法則思皇英彥或
可比於周楨乎臨試防索亦稍存士體如禮闈規
式而止毋重以奸盜之法待賓與士也法寬而有
犯者罪無赦併坐選舉不稱

國初用人或醫士而起中丞或刀筆爲良二千石上不以資限士士不以資自限故挺拔自愛者衆而治效廣也今世課吏所舉而崇陟者必制科矣所劾而謫罷者多科貢矣彼其爲諸生攻鉛槧時曷嘗不與制科者頡頏相高惟途轍一分則餒焉自沮曰公卿臺省之業無望矣即藩臬郡大夫若登天然有復能揚眉吐氣以行道救時爲念乎借有之必豪傑自負志超於功名爵祿之外者也此其人可數見乎且所居地非僻小凋疲則頑梗難治或官歷十餘輩無一得善遷去其民視令益輕令

安能自重故中士甘隳名節荒廢不見德化胥繇此矣曷若寬制科之額三增一焉總計宇内有凋疲須拊摩者頑梗須化誨者悉以制科任之彼自知受大而道遠則不以枳棲自局民知其令異日可躋尊顯則不敢有侮心令自重而民重令政刑可舉風俗可一聖主仁覆遐邇其在兹乎科貢任僻小者治行果卓一體登用毋令當世賢材有或抱遺佚之歎也

由之果求之藝赤之禮樂憲之狷介聖人皆不許其仁所稱近仁則曰剛毅木訥夫藝與禮樂木訥之

反也狷介與果亦剛毅之屬而何以與仁違剛者有立毅者有執其力誠足以勝重而致遠悻悻爲果硜硜爲狷烏能及之然則木訥又奚取性本內歛精戒外馳回愚參魯皆是物也故才辯敏給道之所不載彼謂性與天道不可得聞者求諸言不求諸無言知外聞而不知內聞也

學之大患有二一曰委靡二曰夸毗委靡者氣昏而志怠有賢師友振策而開牖之蓬麻相扶朱赤相漸猶可化而入焉夸毗者智足以飾辯才足以炫俗其精神不用之默識潛修而用以矯罔護聞自

歟而自信自聖而自愚雖厠身孔壇就鑄顏治終不能變砂礫爲眞金也

六合如此其廣生人如此其衆析而爲郡國郡治則六合治矣郡析而爲邑邑治則郡治矣勿謂邑小而天下大能治一邑即能治天下者也四境之内肥瘠異宜盈縮異分剛柔良暴異性强弱相凌智愚相詐計一日之間饑寒不能自保者幾何善柔不能自存者幾何公私逋負追逼者幾何訟獄曲直含寃者幾何傜佐胥役挾索者幾何寇盜竊發者幾何水旱疾疫流離困頓者幾何悖親逆長鬪

嚮反日者幾何匹夫匹婦有一失所責在長吏蓋終日咨詢而耳不勝聞也終日拮据而手不勝撝也乃上官儀節日煩而謁謝之爲急賓朋往過相續則交驩之爲急共以間殫心民瘼日不過數刻而况養交充橐者且民膏是朘如是欲民無愁歎之聲胡可得也夫天子責銓衡銓衡責監司明臧否嚴黜陟政術如是乃端本尤要乎未有主德清而百官邪也未有大臣法而小臣不廉也

所貴乎家修而廷效者何也修諸身而禮節樂和則施之無弗節也無弗和也修諸行而仁愛義宜則

措之無弗愛也無弗宜也故入可使長出可使治如曰修詞而已身不必與言符行不可與言合國家將焉賴之故學校之敎不明鄉舉里選之制不復入材終不逮於古而欲與治隆化與大猷比盛必不可冀矣

夫臧否黜陟行於入仕之後肅官常也涵育登選謹於未仕之先振士行也有行乃可稱士惟士乃可入仕虞廷甄别九德德有偏全而職任高下因之故曰俊乂在官曰羣后德讓今世士以經藝致青雲盍亦顧名思義如其貌儒雅而心鄙陋身纓綏

而行市井俊乂德讓何以稱焉故士不可不自養
也上不可不養士也玉琢而後文彩彰金礪而後
干將利古之人無數譽髦斯士御世者宜思之
士君子出而致身闕庭所比肩而共事皆四海之英
俊友天下士取天下善惟此時也顧職務填委簿
書紛紜遜稽遝考或未遑焉退而屏居田隴蕭然
圖史於友當世則疎以友千古更切勲華若躬承
也删述若面命也而乃溺宴安混塵俗以空負餘
生乎覩待文而興者猶不逮矣其何以語豪傑
萬國一人也萬類一心也可信於吾心則可信天下

之心可慊於吾志則可慊天下之志故善爲天下者爲之方寸而已主敬以開之親賢以輔之講學以明之然後用人行政各得其理而天下治矣後世人主務治天下而不務治心聲色躭焉貨利汨焉淫佚溺焉反諸方寸當先自杌棿而欲求天下長久安寧必不得之數也

天下事變無常盛世釁端易起建侯行師繫之豫弧矢之威以合睽聖人蓋深致意焉其曰軍旅未學者步伐進退掌之司馬儒者心知之未嘗身習之耳若卽戎出於善教戰勝預於堂上奚待別爲學

哉聖人之心無弗敬無弗慎持此心經文緯武無所弗貫故臨事而懼以爼豆臨軍旅也好謀而成以軍旅成爼豆也姬公制禮尚父鷹揚之則殊途合之則一本

秦之無道極矣即不銷鋒何救於秦亡晉之失德甚矣即不撤備何救於晉亂然使郡國各有兵衞緩急足以預防則斬竿之戍卒嘯澤之羯胡猶可旋起旋撲其亂亡未必若是速也世之稱絶力者莫如烏獲試去其指則不能鬬獸之猛鷙者無如虎豹試翦其爪則不能攫指與爪何當於絶力猛鷙

哉然無指與爪則匹夫可持挺而制其命此都邑
無兵之喻也
天敘天秩與元會相終始者神聖莫能變也大經大
法與國脉繫安危者百王弗能易也夫子斟酌四
代弟從其可變易者言之故曰所損益可知也夫
子丑迭建武䕶代奏何取於聖治要以至精至備
必如夫子所酌而後美善無間然焉是於可變易
中卓然有不可變易者也放淫遠佞者何姦聲亂
色禮樂修明之朝所必禁也巧佞孔壬虞夏殷周
之盛所必防也故聖人重致戒焉奈何衰周而後

禮壞樂崩箾韶車服之制既不能盡攷迄今所遵行者惟夏時一語乃好佞竊權覆敗相踵漢唐宋以來如出一轍則聖人之爲萬世慮更深切哉

聖人之心渾然大中而已溯乎至善而已一中散爲萬中萬中本一中也一善散爲萬善萬善總一善也故一言一行日觸之而神徹耳觸之而響赴其舍已而從擇中而用雖聖人不自知其然者是故德彌盛心彌虛量愈弘納愈廣當世未足進友千古賢人之取善也陶漁可採滄浪可聽聖人之取善也惟賢則大惟聖則神

汪子中詮卷三　萬曆己酉庚戌集

人所以爲萬物靈者心也心所以爲百體靈者知也知是知非知善知惡知好惡知愛敬知本末知終始知誠僞知敬肆皆性體之瑩徹也其有學聚問辨而得者亦性也心存則無弗靈無弗知心放而靈者蔽知者昧矣故有穎慧而愚終有魯鈍而精詣操舍殊執而昏明易質也然則心無可放時乎彼經綸宇宙裁成萬彙皆從心放而非放逸之謂也惟存之不離一掬故放之能橫四海

試觀天地之間皆物也試察萬物之性皆善也尊卑

有體矣貴賤有經矣親疎有則矣愛敬有宜矣其
有叛常悖禮者人見之則怫然不悅彼知人之見
之亦赧然內沮夫其畏人知而內沮者非善也耶
然始以內沮終歸怙惡者何利欲日熾善端日銷
無教化以牖其眞無政刑以格其非也故聖人之
教立而萬物各得其性萬物各得其性而天下和
平矣

日麗於中天萬象咸受照焉寸雲掩之而貞明自若
心凝於泰宇萬理咸受燭焉纖欲留之而眞體自
如天體至健帝出常新謂今日之日非昨日之日

則無改於舊也謂今日之日即昨日之日則舊者已新也夫心之日新於學也有如日澄湛於宥密之淵淵滌於川流之沚以今日視昨覺昨舊而今新以來日視今覺今舊而來新是謂緝熙於光明

鴻濛初闢天下之未治在氣化聖人以神智創之而開濟禾叔季道衰天下之不治在人事聖人以大力挽之而轉旋逮唐虞而上其先天以作則乎殷周而下其後天以制變乎書契之易結繩粒食之代茹飲執中之揭心極非至聖孰能開之放伐逼暴君之窮攝政逼幼主之窮篡創逼無王之窮非

至聖又誰能任之

天下之治亂人心爲之人心之淑慝世教爲之故夫庸主佞臣接迹於廷庶頑寇竊横發於下皆由道德不著政教不行而利欲之漸漬深也聖王知其然故緣性以設教因心以立政藝極既陳而且樹風聲章物釆使天下洗心易慮還其所固有而不自知夫射有鵠也而人爭赴焉治亦有之民之鵠在士士之鵠在君君心正則天下之士心可正士心正則萬民莫不正而天下治也

合抱之木始於毫芒其植根實也千金之裘貴在粹

自其取資傅也惟用志於天下乃可以任天下以
一己用天下未有能濟天下開誠以集衆思秉公
以器羣品智者効謀能者効力此伊傅周召所以
隆相業也若議多而患其聚訟材僞而患其罔功
則在與二三黃髮酌而圖之葢靜言庸違辯言亂
政雖聖世猶不能免是烏可不慎
政治之得失民生之休戚社稷之安危總在人主一
心故格心要矣一暴十寒猶曰不可奈何深居稱
朕并一暴而無之豪傑之士位衡鼎而圖匡濟或
至借遇巷爲監寺之因此管商所以隨世就功非

孔孟所屑爲也然則君子必遯世乎曰何可遯也監寺可絕乎曰何可絕也道義以律身恪恭以盡職巽順以應變正己而待上下之正焉耳人心同此秉彝精誠金石可入即中材之主左右之人安知無感動而憬悟乎故大臣欲格君心當先自格其心已無不正而時遇終不可爲然後引身而去其去也猶冀悟君心於萬一非直以潔身爲高已也

大臣能自格其心自正其身矣而君心未必能遽格也羣工未必能盡正也袞德闕遺何以補之忠邪

競進何以別之宮府乖隔何以聯之法紀陵夷何以整之膏澤壅閼何以宣之邊陲单弱何以振之急之則虞潰決緩之則益窳廢若持權以衡萬類而低昂適得平也若執律以齊萬聲而高下適中節也此豈徒意氣之矜奮才猷之揮霍所能辦哉蓋必有調攝於德性陶鎔於問學者焉是故褊衷不可以大受貴含弘也弱植不可以貞幹貴果毅也安肆不可以寧極貴欽翼也疎鹵不可以當幾貴沉朗也二三不可以成務貴凝定也此數者皆從德性出從涵養致故君子有志當世未論經濟

而先於致中和也
君之令民風行草偃然未有皇極不端能强民從令
者況人臣於君欲弼德塞違乎必眞有誠意正心
之學而後以仁義獻其君必自信禹皐稷契之身
而後以堯舜望於上同言而信信在言前也無諸
已而令諸民謂之不恕無諸已而强諸君謂之不
忠故積忱蓄悃有盟於進諫先矣脩德砥節有豫
於求志日矣

世有聖王之教化而俊乂興焉若周文棫樸是已世
有中天之豪傑而哲后賴焉若伊傅𦙶起是已作

人者樹士以楨國自爲社稷謀非爲多士地也崛起者脩身以善世自爲性命脩非爲利達媒也三代而後上無與教之主下無不待教之士是以王佐罕見而至治不復夫所謂王佐者天資與學力兼到涵養與經綸並茂漢唐宋殊絶人物有其用而無其體宋大儒有其體未必有其用伊傅畢散而下非顔孟疇能當之顔沉粹而英毅也孟英毅而沉粹遜於顔也

天德惟剛故化運而不積君德惟剛故志定而不移所謂定志者上畏天命下畏民喦前畏帝王之芳

執後畏史册之清議故忠正之臣樂親憂危之言樂受而天下治也若夫柔腸弱骨不足以樹志則宦寺得以誘之邪佞得以干之聲色得以淫之貨利得以眩之一身之中耳目手足無所措其如天下何

君德所以剛明非獨天授亦賢臣之啓沃切經史之講讀勤也故曰習與正人居聞正言見正事如入芝蘭之室久而俱化若深居內庭朝講不御日與婦寺狎而與賢士大夫疏智慮何由而明身心何由而正佻士良謂人主不可使觀書知義理嗟乎

此古今宵人所以竊天綱傾國命也蓋臣智士寧無漆室憂耶

大臣專君則臺諫羣臣不得效其忠而國亂宦寺專君則大臣與臺諫俱不得效其忠而國危夫專君者必有所以逢君使其心悅志順然後惟所欲爲君好諛則逢以斥仗馬君好利則逢以筭舟車君好大則逢以展疆土君好侈則逢以阿房建章君好長生則逢以致神仙求不死藥爲君者但知所好之必投所惡之莫逆不知太阿之柄已潛授其手嗚呼宦寺爲此無怪也大臣懷奸而爲此陰與

盧李同行而外尚附於姚宋之名一旦敢露何顏面見天下士乎

有後天安命之聖有先天造命之聖治則進亂則退後天者也天下有道丘不與易先天者也轍跡徧天下終不遇而退聖人無如天何矣然聖人非徒冀遇合於七十二君也亦欲與三千七十之徒遇焉遇於君則道行遇於徒則教行道行而治效在當時教行而治法垂萬世此又聖人以後天爲先天也

聖人爲道愛身則危不入亂不居聖人以道愛天下

則危可使安亂可使治然必有可安可治之機然
後起而圖之若君無悔禍之心相有樂災之志聖
人肯以身嘗試乎女樂受蜚鷹顧且見幾不俟終
日而況於危亂
後世英君能創大業者其全德不必聖人而皆有聖
人之睿智後世名臣能樹大功者其純心不必王
佐而皆有王佐之材畧假令從事聖學涵養本原
以至誠無息之心發揮事業其粹美恢弘自足以
方駕唐虞同流造化何天人古今不相及哉夫王
覇無二道誠之則王假之則覇一念誠僞之間義

利公私判而功用遂霄壤矣
人主之患莫大於視堯舜爲絕德而以中主自限夫中主與堯舜豈甚相遠欲爲中主則中主矣欲爲堯舜則堯舜矣嘗觀近代賢主未嘗不有堯舜之心而不能純乎堯舜之心未嘗不有堯舜之事而不能純乎堯舜之事其有堯舜之心與事者維皇眞性不容泯也其不能純乎堯舜之心與事者世俗私誘未易祛也夫欲祛世俗之私誘復維皇之眞性匪務學曷繇焉近儒臣以端其習勤講誦以明其理愼起居以肅其儀屏紛慮以正其志自一

念亢之萬念自一事推之事事如見羹墻如奉渠
矱是則堯舜而已矣
後世以兵取天下則曰征誅以智竊人國則曰禪受
惟我　朝値胡元之亂收板蕩於羣雄闢乾坤於
再造自生民以來未有若此之休烈也漢誅秦項
亦稱得國之正唐蹙暴隋與漢不異而挾父臣虜
未免以詐力掩仁義宋欺孤兒何殊操懿第不至
爲慘虐耳然漢唐能易暴以寬宋能定亂爲治亦
宇宙生靈之一幸也故其享祚頗長操懿篡弒之
慘横施横報有如桴鼓五代相尋全出一轍至靖

康舉族北韓說者猶謂纂周之應天心惡殺天道好還豈非萬世永鑒哉元嗣停而歸元帝殁而謚堯舜公天下之心於我　朝僅見彼太白之懸猶有慚德矣

人皆謂聖遠學絶聖未嘗遠也聖在人心不自覺耳學未嘗絶也學在日用不自知耳人性本無不善聖人獨兼萬善一念善則一念之聖一行善則一行之聖試觀當世衿紳之士不有矜節勵義誠心愛物者乎閭閻之匹夫匹婦不有脩孝悌貞潔嗜善若飴者乎善念何因善行何起分之則各露天

倪合之則集成至聖夫孰能自覺而自合者是其
神明內朗宰萬動而不淆者也是謂天民先覺
匪神明無以照寂感匪齋戒無以養神明聖人淵潛
是以龍見聖人氷兢是以鑒朗所謂神明者寂亦
照感亦照如水之表裏瑩徹隨物呈象如鑒之分
別妍媸積而藏焉其光不晦故帝王之所以立極
聖喆之所以垂訓可一言盡也曰明明德而已
聖人之學以窮理盡性至命爲極神明變化莫精於
易矣內聖外王莫奧於中庸矣予嘗謂讀易中庸
則天下無書可讀非無書也淺者其糟粕深者不

出其範圍如百川之望海如千條之於巨榦也秦漢至唐道術不明儒者各以意爲學故以卜筮視易以檀弓月令雜記視中庸而老莊之自然西竺之寂滅則相與矜奇詡異曰精奧在是舍太牢之味而錯羞以爲膏也舍袞甫之章而黼綵以爲華也學晦而識陋未足怪也宋而後經生首治易矣中庸特表章矣微言妙義童而習之皓首不躋其蔵然且襲蘇張之唾高譚貝葉乎甚矣後儒之陋更陋於漢唐之儒也

天之德曰生人之心曰仁乃生有時而窮仁有時而

幾息者何也試觀秦項之爭衡五季之篡奪後先羯胡之紛擾朝王侯而暮俘虜夕將相而旦誅夷覆軍則流血千里屠城則積骸百萬天曷爲生一好亂之人人曷爲興好殺之禍則利欲彌熾於宇宙而仁義禮樂之教不行也否終必傾蠱極必亨究歸於用暴者亡用德者昌好殺者滅好生者王然後知天之未始不生人之未始不仁也

自古盜賊之興或以饑饉薦至逼而偷生或見政令不行逸而狂逞其雄桀者遂乘而收之以圖王霸於是干戈競鬬而生民之禍慘矣善爲國者需膏

澤以綏民使無饑寒死徒之憂飭紀綱以齊民使無囂陵窺伺之隙上下相安休戚相共於以握圖保祚億萬年可也獨患夫恃治安而忘遠慮耽宴樂而忽民喦吏貪殘而不察下愁怨而不知恩不足以固其心政不足以維其志平居猶樂災利禍一旦危急其不掉臂而從亂者鮮矣

夫自古兵戈之禍若何而起若何而定載籍可詳覽矣昏逆者爲聖明藉資也強暴者爲寬仁驅除也曾見有善戰之將不死於戰者乎有好兵之主不亡於兵者乎有篡奪之國不滅於篡者乎武安賜

劉韓彭葅醢多殺之災也忠武昌胤吳越延世不殺之福也故曰積善有餘慶積惡有餘殃老氏亦謂佳兵不祥其事好還佛氏謂昆蟲蠕動之物一有所傷皆得業報嗚呼善戰者可以思矣好殺戮者可以懼矣

武不可黷亦不可忘也兵不可窮亦不可諱也夷犯夏下叛上天子是討四方臣屬之國有不貢不王天子是問弧矢之威烏可一日廢於天下顧先王豫而不用用而不極耳明道德脩政刑賢能各當其官紀綱整肅於上令遐邇綰風蠻夷慴服而不

敢動此廟勝之算也以吏治輯萬民使各得其職以軍政飭封疆使將士臂指一體可與共安危可與犯難忘死此金城之守也奸雄嘯澤先撫諭以散其黨剪渠魁而赦脅從夷虜跳梁來則拒去不追要以境內寧謐而止此雲霓之師也繕甲兵教技擊明耳目一心志知彼已用間諜守則潛於九地戰則動於九天搴旗斬將獨取元兇攻城掠地毋妄殺一人此鷹揚之略也故曰善國者不師善師者不戰夫不戰而得常勝武之上策也

古今華夷之勢不甚相遠秦遣蒙恬北伐卻胡人七

百餘里胡非强於中國也當七國時燕趙代各隣於胡各守其境燕不借兵於代代不資糧於趙也漢置漁陽上谷鴈門諸郡亦各以郡爲守非大軍出塞不聞徵發於内地也何後世畏虜太甚至竭大司農之財不足以供戍卒則軍政因循邊氓積弱耳彼其風土相接習性相近被以中國之文物則文物矣任其本俗之勇悍則勇悍矣此趙武靈王所以矯衆易服而滅胡也誠使邊民以三時藝黍稷以農隙習武勇馳騁射獵如虜伐孤擊兎如虜虜控弦不過三十萬吾邊郡引弓之衆亦足相

當虜闌入散掠吾鄉民持挺鳴鏑亦足相拒加以良將勁兵扼要扼險戰謀戰智虜安能得志於我故虜之能爲邊患者虜人人皆兵皆騎射而邊郡兵少於民也倭之能爲海上患者倭人人皆兵皆利刃而海上民不習兵也能使沿邊海之民人人能弓能刃能爲兵於倭虜何有若鼓舞之以作其氣優卹之以脩其弓矢戈戟則賢守令事矣

里甲即比閭法久之遷徙靡常也學校以教俊民齊民不與聞也司捕已設官役荒陬或難徧及也保甲通里甲之變鄉約助教學之餘保甲中間設鄉

兵補詰捕之不足法至善也然郡邑每憚於舉行者以法敝難於振飭人敝難於考覈其下焉者則謂保約行而民無訟無贖也夫民果無訟固賢智之士所實心而樂圖者惟鄉兵不簡而役則用之宜有法行之貴不擾耳百家爲保每保選其驍徤者十人爲兵有智幹者三人爲保長副併甲長共二十餘人計大邑可得二三千人保長副免徭一石一丁如今吏役例令農隙督練各兵勇藝甲長與兵各復其身每歲所免無幾而坐得勝兵二三千人以各保其鄉內奸足以譏察外寇足以捕禦

伏險於順寓軍於政此安民戢盜之善經也長吏以春秋循行講約則親校其勇藝加賞罰焉不得以簿尉雜流查點滋費宜人無不樂從矣是故善爲天下者爲於邑善爲邑者爲於鄉

夫儒林與詞林華實不可同語而昧者或混爲一名實之際不可不辯也言必稱古昔動必合先民斯之謂儒多蓄如武庫摛藻若春華斯之謂詞有儒而兼詞者則游夏左董其人有詞而近儒者則屈賈韓歐其人班馬李杜詞之魁也荀楊孔馬儒之賊也故縫掖鉛槧之士皆曰儒生石渠金馬之彥

皆曰儒臣將爲博學宏詞儒乎將爲經濟儒乎性命儒乎如云宏博而已賢者必不肯受如云經濟胡不合性命爲一以追三代之英而甘與末世議議者同也

德盛者其容必恭故達之周旋升降無弗恭也德盛者其聲必和故達之歌咏琴瑟無弗和也至禮不讓至樂無聲可見可聞者其迹乎不睹不聞者其精乎故禮也者至德中自然之繩檢也樂也者至德中自然之鏗鏘也叔季德衰禮樂之用在朝廷邦國者僅存梗槩而誶語德色之俗桑濮淫哇之

音流習於民間恬不知怪世有脩德君子當於其一身觀禮樂矣

圓而神者性之體方以知者性之用彼所謂圓覺竊吾圓神而爲言者也惟神故覺惟覺故神神則自不容褻故無不敬也神則自不容欺故無不信也敬信非從外益即神覺之本體也匪敬匪信曰覺而其光弗瑩曰神而其中已稿亦不可以語圓不可以語性

子曰天下何思何慮非不思不慮也貴愼思貴近思也内艮止外兑悅寧極而動思得其正故曰貞吉

憧憧往來者以童心用鑿智客感客形紛擾不已
是謂朋從同歸一致者心之德凝於一也殊途百
慮者心之用貫乎萬也試觀寒暑代而歲生日月
代而明生屈伸感而利生尺蠖以屈伸龍蛇以蟄
藏天地萬物之情至變而無常也至一而不擾也
君子精義以達至變之用利用以崇至一之體學
如是止矣思如是止矣過此以往窮神知化養盛
自致非心思所能及也思切於用者吾精研以求
其當思所不及者吾徐養以俟其至是謂止其所
思不出其位憧憧何爲故曰天下何思何慮

聖人所自憂有四講學居一焉先之脩德存養其心性也師友講習欲輔此德耳繼之徙義改過濯磨其操行也師友講習欲聞善而寡過耳内無養性之眞念外無砥行之實功而徒炫口耳以恣談論雖講學自命人已見其肺腑矣

或問浩然之氣何如爲直養曰人生本直靈臺中自有所不爲有所不欲不爲者無爲不欲者無欲則直體常伸是謂之集義謂之直養必有事焉者此心常存之謂也心存則不爲不欲者觸之而卽覺覺之而順達矣易曰君子敬以直内木從繩則直

心從敬則立

或謂丐無二妻齊人章孟氏寓言也余嘗見鄉丐有一妻一妾其尊卑稱謂悉如良家朝分投富門暮聚棲古廟時或酣歌相樂洋洋然忘其丐也彼訕詈而泣者無有矣尤有異焉者嘗見一黠丐歲時伏臘索酒肉於近鄉歸而合燔之以爲脯炙以間名其親族而飲食之無不歡醉罷者是舉其親族之人無復嘑蹴心也由微徵著即小知大恐人心土習又下於戰國時矣

或問子游問孝章曰聖人辭氣紆重語孝養而擬及

犬馬非其倫矣聖意若曰今之孝者徒能養耳彼司守者服乘者皆能有養於人也養而不敬與犬馬之養人者等耳曰能養曰皆能有養語意自顯然也

狂何以簡簡何以成章也成章何以不知裁也心游於三五帝皇之上而事忽於日用起居之常如曾晳有樂天識趣而臨喪倚歌責子誤用大杖此其類也然信心獨往一塵不入其中稽古爲徒萬物不干其志亦足成偏至之英標樹超世之芳軌矣惟其志高而學未逮言大而行未掩裁高明以沉

潛副虛想以實脩則皆中行之選任道之徒也

記稱舜崩於蒼梧禹崩於會稽非也堯老舜攝巡狩四朝之事皆舜任之舜耄倦而禹攝則巡狩亦禹事也舜何爲復至蒼梧禹薦益以七年矣何爲復至會稽其說多起於言封禪者妄援附會後人遂誤傳之然則九嶷稽山何以有冢也曰舜禹時二地俱在荒服疇昔巡狩所至死而如喪考妣因名山設冢志思慕焉未可知也不然二聖嘗封名山或即其所封之處名曰冢穴而後人遂以爲葬其地也

程子定性書云君子之學莫若廓然而大公與其非外是內不若內外兩忘夫心何以能廓然何以能兩忘也無事而廓然一動念則膠擾矣有坐忘亦有坐馳前念方息後念旋生欲忘之不得忘矣艮其止止其所也忘非所以為止靜亦定動亦定忘非所以為定故睹聞未起敬畏常存君子之所以為止也虛明內朗寂感無間君子之所以為定也不獲其身者忘其妄身不忘其覺性不見其人者忘其物引不忘其真君內外兩忘之說學者當善玩之

人心未有不操而自存者象天行健自強不息成性存存道義之門心本變動何以有存虛明為主常惺常湛故曰存也心本內藏何以有放虛者擾攘明者暗塞故曰放也老莊明自然世儒亦或宗自然顧不思不勉惟上聖能自亞聖大賢而下烏有不養性於戒懼者戒懼非拘迫非束縛亦真性中自然之操存也有自然之操存斯有自然之明覺有自然之順應若曰縱心無有游神超曠則清談異學所以亂聖真也於楊墨禍尤烈矣

窮居而環堵為室藜藿充腸看四壁之光如守一中

之湛寂趣炎者所難恬淡者所甚易也惟試之天
下國家臨之利害生死以真常照無常以至定應
無定衡設而錙銖不爽度設而方寸不移可以傾
否持危可以濟蹇平亂而總歸於性命之正非天
下之大識力其孰能與於斯故獨善不如兼善之
公也避世不如易世之大也然時行時藏時舒時
卷性命中亦有自然衡度雖聖人不能意必於其
間矣
義也者天命之真則人性之真是其純然而至當即
至善也其確然而不倚即時中也君子養遂於藏

密既不着以將迎功深於研幾更不襍以私妄故中心所喻惟義而已當其執義獨往三公可辭鼎鑊可就固喻之至也即或與時變化言不必信行不必果尤喻之精也小人則反是矣辭章以致身不講於心性之學富貴以縈念日競於華膴之途其中心所喻惟利而已當其捐廉恥以趨權勢不顧後日身名固喻之愚也即或矯一節以獵虛聲陰圖他日厚實尤喻之狡也此君子小人所以判也而義利之初分固甚微也幾善幾惡決於毫芒念僞念眞更分人鬼辯之宜蚤辯矣

喻義者不計利終於天助順人助信鬼神福其善萬世仰其風天下之大利惟君子享之喻利者幸徼利卒至有人非有鬼責怨讟盈於蒼生醜穢遺於青史天下之大不利惟小人受之小人誠善計利乎亦嘗以義爲利矣

君子抱龍德於身視善世與遯世皆遇境耳吾性中有眞境焉常兢翼常寬舒常精明常恬淡其於毀譽榮辱窮通得喪驟遇之而不有吾以盡吾性也驟去之而不留吾以適吾性也曰塗軒冕塵珠玉乎是猶有富貴貧賤之見曰心泰則無不足乎是

猶有不足有餘之見心安於道道忘於遇烏知有軒冕珠玉而塵塗之烏知其爲不足而一處之後世隱士寄嘯傲於東籬得金揮鋤不顧與荷蕢沮溺輩皆可謂貧而樂猶未可以語遯世無悶之學也

上古有神巫焉能齋祓其心精潔其行以與神祇鬼物相接帝王享祀亦或用之雖非道術之正然亦精誠所致不可盡指爲邪幻也釋氏本言心性言寂覺至說法動稱大千世界諸天龍王拱手皈聽其神通駭世正見於此其爲術毋乃與神巫近乎

虞命秩宗必寅清如伯夷而後可以和神人協上
下周書稽疑曰擇太卜亦必志行脩潔而後能以
著龜通神明知吉凶然其德之偏全職之輕重奚
啻什一千伯也彼清静寂滅之說於貪淫濁世不
爲無裨以槩於聖人中和體用之教則不可同日
語矣我　聖朝獨尊聖學亦不廢二氏然僧綱道
會僅與陰陽醫學並列聖謨宏遠萬世不能易也
聖人生而知者謂生而知嚮此道也若知之徹與未
徹亦自有差等焉安而行者安而身踐於道也若
行之至與未至亦自有漸次焉舜於孝性矣于田

號泣日求所以順親而不得可不謂困乎學如孔子極矣至耳順從心而後化當其廢寢食發憤敏求可不謂勉強乎一聖人之身未嘗無困知勉行一恒人之身未嘗無生知安行孩提眞愛稍長眞敬本與聖人同體能達之則爲聖不能達則爲恒人耳達之而未能遽達此聖人有困勉也達之而無所不達則困勉皆聖人也

天無一息不運故日月常照寒暑常序人心無一息不存故視常明聽常聰貌常恭言常從不然者情動而性汨將百體失其職矣戒愼不睹恐懼不聞

寧獨君子以此養性卽堯舜至神聖不能舍欽恭而置心無爲茀欽恭本於天縱非若亞聖以下有意矜持耳故堯舜性之性此戒懼者也惟精惟一皆欽恭之自致矣湯武身之身此戒懼者也懋昭執競皆聖敬之主宰矣近世談學多岐曰體認天理曰良知曰脩身知止循其言皆可入道總之不離一敬爲權輿若舍敬言學譬無樞而求戶轉無柁而汎舟江湖吾不知其可也

芝蘭生於幽谷芬芳四溢修士佩之以比潔焉化而爲茅與棘茨同類牛羊弗食之矣蜣丸出於糞穢

人所掩鼻未幾蛻去爲蟬餐風吸露飛蟲之屬無
踰其高潔也物性善變人亦如之故君子雖身兼
衆善猶不可以自滿恐晚節一愆素履將令德之
有瑕也小人雖既居下流猶不可以自棄倘平旦
頓復初心尚遷喬之有路也
人主知天下有不愛爵祿之士而後重士士不愛爵
祿以無求於君而後見重於君君重士士見重然
後志乎道合而泰交之治成也漢高帝曰士大夫
從吾游者吾能尊顯之宋眞宗罷呂蒙正相謂侍
臣曰蒙正想悲泣不已夫人主恃其威命足以顯

士又度士之得則喜失則悲其視士已大輕矣其所登進必皆貪位固寵之徒無復望其秉道陳義即有抱輔世之畧能爲帝王佐者必且韜光歛跡人主烏得而用之故君不可不重士士不可不自重若卿相大臣之遷重更甚焉進之夤緣左右以託於遇巷退之低徊濡滯以託於出晝人主將視爲頑鈍與小臣不殊幷視此職可虛懸不設台衡益輕太阿旁落憂世君子固蚤識於幾先矣

涵養須用敬進學在致知此程子以二言括聖學之要也夫性命之學必根極於未發戒懼以養虛明

其本矣虛明之中變化出焉是謂義以方外格物致知者所以證虛明之本體酌變化之妙則也學於載籍問於師友思以慮精微辯以析疑似皆從戒懼一念用之於著察本體非戒懼爲養內而致知爲外益也謂涵養爲敬致知可勿敬乎謂學在致知涵養非眞學乎知性君子自當合表裏而融貫之毋泥辭忽意可也

夫所謂格物者豈必盡天下書而讀之盡天下物而知之也物有本末則先後分矣脩身爲本則知本要矣世有操一物而萬物皆備者非心乎操一知

而萬知合契者非誠乎求於意若何而去妄還眞求於心若何而化偏得正忿懼憂樂何以無留滯也愛惡矜畏何以無頗僻也視聽言動何以無失官也格物者先格於誠正而脩齊治平一以貫之即與仁讓於國公好惡於天下未有不因心推致者也若夫古今得失之林當世法守之迹隨時通變之宜或平居講究或臨事咨謀亦惟誠心求之不中不遠世無學養子而後嫁也豈有學治人而後從政哉故格物者以身心為本格於五事曰貌言視聽思格於五常曰仁敬孝慈信窮理盡性無

出於此若廣蒐遠索以博物資泛應者乃聖學餘
事非先務也
聖人太和元氣也有保合而無矜持孟氏泰山巖巖
英氣勃發矣直而養之以勿忘勿助且以揠苗戒
助此高明柔克孟氏所爲克巳復禮者也英氣化
爲正氣然後可以語剛大而稱浩然故遠稽五百
年之天數而名世自任近遡百餘年之聖澤而見
知自任所謂塞天地者可見其端倪矣
夫所貴於學者學爲聖也學成其爲人也天生人畀
以五官併其宰是五官者與之官不得其爲官則

人不成其爲人也聖人猶人耳睿智起於心肅乂哲謀通於感以順變化以妙經緯究且雨暘寒暑協應百嘉豐茂家國用寧聖人既成其人遂成位乎中矣人之五官與聖同而迥絕若彼此志士所以發憤於學而日孳孳也其學惟何求諸思先立其大而已

日麗於天容光必照濁霧塞焉白晝不見泰山離朱之目天下稱至明也閉戶掩扃居蔀室之中必不能察秋毫夫人性之有蔽豈直物欲爲累哉任其性之所近意之所趨無學問以牖其明而約其過

賢智者之蔽視物欲無異耳如仁智信直勇剛皆人心之懿德也好德而不好學其蔽有爲愚蕩爲賊絞爲狂亂者今語人以物欲之蔽雖中士無不內慚語人以懿德之蔽在賢智未必心服然本欲脩德反以亂德其流至於眩學術禍蒼生則信心而不信學之過也故尊德性道問學內外宜交致焉問學所以撤德性之蔽游於昭曠而立於大中也

天無私覆地無私載君子之心與造化同其含弘故於天下無不周也天氣下交地氣上騰君子之心

與造化同其訢合故於天下無不和也賢愚遠近總歸涵育親親賢賢自有等殺雖顯比外比迹近比而不失其爲周鹹酸甘苦各適其調臧否是非相濟以道雖同德同心迹近同而不失其爲和周比和同之辨公私邪正之判也後世以意見生同異以權利生依違同異生愛憎依違生攻擊爲比爲同紛然舟中敵國而建中調停之說又不可以語周語和卒至仁賢一空宗社蒙毒士大夫用心之公私邪正能禍福人國如此治心精義之學可一日弗講乎

夫公私邪正之分其初豈甚相遠哉一事也或見爲是或見爲非初固偶失於裁度也迨是非漸明而偶失者更執其失始非私而終私矣一人也或見爲賢或見爲奸初固偶誤於程量也迨賢奸漸著而偶誤者不任其誤始非邪而終邪矣至於意氣相加門戶相競遂構爲莫解之訟釀成不戴之仇士大夫何樂而爲此哉莫難克者勝心莫難平者忿心勝與忿一熾於胸中而公私邪正之名卒無逃於天下後世曷不虛心以觀理平氣以折衷善則江河沛也不必出於己過則日月更也不必諱

◎

己以天下公心處天下公事非獨國家禍也亦自爲身名惜也嗟乎世之大好惡什無一二惟中人最多而中人欲爲善者亦時有焉徒以好勝一念延蔓横決遂舉中人并中人欲爲善者而卒被不美之名悲夫

君子脩其身而後可以善世正其身而後可以格物故厲廉恥之節樹道義之防取予進退必嚴語嘿周旋必慎可謂矜矣然律度自繩非炫美以揚己也坊表自飭非立峻以陵人也賢者敬而親之不賢者憪而容之其以矜而至於爭何有焉夫都俞

近黨吁咈近爭然可否相濟德業相成正和衷之至不可以語爭至於觸事攄忠不得其職則爭不得其言則爭要以合則從不合則止故君子終於無爭若夫競心於功名爵祿之場植黨於勝負低昂之間囂然如里婦相詬不止則君子所深羞矣

夫治亂時也仕止遇也觀治亂爲進退中智或能勉之夫子獨以卷懷與伯玉何也蓋豪傑之士志欲有爲於世其材猷能顯而不能晦方乘世變以標奇其意氣能張而不能弛方因時危以見節如是者卽欲卷懷不可得也若伯玉則可卷矣一仕一

止固不以爵祿攖情愛道愛身且不以功名繫念豈其與聖人漸磨日久所謂無可無不可者嘗心契其微乎視史大夫加一等矣由此觀之士不齊爵勢而嘗試於功能之見以其身徼枉尋直尺者君子所不與也若擁念富貴無論矣

聖人以宇宙爲家以民物爲體視袞職有闕猶父母之有過也視天工有曠猶家務之頹壞也視荒陬黎庶顛連困苦猶子弟之有疾痛也栖栖焉閔閔焉歷說不以爲煩伐木削迹而不爲止誠不忍父母之過欲號泣隨之不忍吾子弟之痛欲多方救

藥之也魯衛與齊既不能用以陳蔡之弱小猶車轍往還者數歲說者謂葉公方有問於楚冀得遇合以通於楚耶此鳳衰致譏知津來誚聖人易世之心滋戚矣不得已删述垂訓爲後世帝王取法則易亂一時者小開太平於終古者大也

夫理學氣節功業文章士之畢精神於一世垂休光於不朽者無出此矣理學者非徒明其理而已將脩德體道以實有諸身也惟其有之是以似之故輔世理人則膚功奏焉秉義塞違則峻節彰焉明道闡事則鴻采流焉此聖賢體用合一之學曷嘗

岐而爲數端也自聖學不明而聰明俊傑之士各以其智能意氣表著於世其偏全醇駁未必盡軌於道德要以負荷綱常楨榦宇宙則氣節於道爲近功業於用爲實而文之潤色世道亦不可少也昔夫子不得中行則思狂狷今天下鮮完德矣有能持風節於頹靡之中効勛勳於擾攘之際亦聖人所深思乎如矢贊直一匡稱仁吾以是見聖人維世之心

世之治也其君必兢業以圖幾其臣必憂危以輸悃堂陛一心忠賢迭用故紀綱明肅而天下治也世

之將亂其爲君者或剛愎自聖而惡聞讜言或柔闇無能而狎昵羣小其爲之臣者事剛主則阿意逢旨以固其寵位事柔主則植黨營私竊弄其威權當是時而有仁義方正之士立於朝必從道而不從君徇義而不徇衆此狂瀾倚爲砥柱大厦有所支以不傾也乃薰蕕異性堯桀殊行必羣嫉而力排之然後愉快甚至鉤黨連類竄逐無遺於是君子有氣節之名而國家有危亡不可救之禍然則氣節云者天下所以目君子豈君子樂標此名以爲高哉嗟乎汲黯在而淮南謀寢九齡去而漁

陽鼓來司馬相而虜戒南牧李綱罷而宋遂北轅治亂安危之機若此不有君子其何能國

耕莘匹夫係天下重望者以能嚴義利之辨也千駟萬鍾未交於前而天下信其弗顧弗覦者自一介不取予信之也窮居挺然自樹雖一介必衷於道義異日者致主匡時其擔荷宇宙可知其不以寵利自私可知故廉節者士君子之大閑未有廉節不立而能建事功於世者也漢代以孝廉選士猶爲近古後世廢而不行豈非謂上以名求下飾詐以應且甕牖繩樞之子安所取予而見廉乎故先

以文詞進之後以廉能察之仕而後選既異於選而後仕乃所謂察廉者又或徇於愛憎淆於毀譽苟於異途而寛於華序何怪乎廉節日衰而民生之不被澤也

民生日困由吏邪也吏道之邪寵賂章也孝廉之選不復察廉可勿精乎選而後仕不可得仕而後選可勿慎乎三載而考績三考而黜陟自唐虞然矣今世筮仕州邑必再考而後徵名曹郎亦再考而後擢郡臬法何嘗不近古第所謂滿考者徒虛名耳人情能矯飾於暫不能矯於久期月而論薦固

太縣也至三年則才守辨矣六年品望定矣雖有善毀譽者不能蔽矣上官署考其必嚴綜核而責保舉乎倘廉墨無分穢迹終敗即連坐安辭若郡邑長之於青衿士也有師帥責焉非獨校其文藝亦必以聖賢義利之學朝夕訓廸一變其頹風乎夫使庠序之中以義利明學術朝廷之上以義利課賢能設誠致行不出六七載而人才漸盛太平之治可幾矣

今世言性命者至微奥矣與其求空妙於窈冥曷若揭義利而脩身踐言乎凡天下熙熙攘攘皆爲利

也爲子不能孝爲臣不能忠弟弗能恭友弗能信惟利蠱之君橫斂吏受賕豪强併兼寇賊刼奪惟利釀之五霸七雄之爭戰三國五胡之紛擾夷狄奸雄之割據惟利驅之天下所以治日少亂日多皆繇於見利而不見義也見利則縱人欲以滅天理見義則循天理以制人欲理欲之幾間不容髮是性命之眞竅也是聖人設教匡世之微旨也曰喻義曰精義曰義比曰集義曰充無穿窬之心無往而不爲義以此講習以此躬脩以此與朋友相淬勵窮理盡性無餘事矣

士之賤與庶人等以道德而成其貴也人主之尊與天並以道德並成其尊也然金必資型範焉玉必資琱琢焉木必資繩墨焉非師友輔翊之贊襄則黼扆有逸德矣非明師良朋之夾持則韋布無亮節矣今世巫醫百技皆有師攻文詞詩賦者亦或偶曹結社獨所謂脩德講學者競相勝而恥相下卽有連袂爲朋泛泛如萍水之聚無精意以相屬也無正言以相箴也其於三益三損何居若人主不出房闥與公孤卿士曾不相接欲獨以神明御世視一介之士孤立無助者更可寒心也

適千里者明知周道如砥而故托足於榛棘養生者明知菖苓可以引年而復進以烏喙世必謂之大迯所貴乎講學者謂其精擇而力行之擇既精而行弗力嗜慾不能袪也氣習不能變也其爲榛棘烏喙能甘心無悔乎悔則改途而易步矣吐故而茹新矣易曰不遠復無祇悔

農夫之樹穀也必擇種而後播焉種既精矣其耕必深其耘必勤其糞壅必厚其灌溉必時然後豐穫可冀也鹵莽而耕鹵莽而耘穫亦如之故曰苟爲不熟不如荑稗夫仁之熟豈易言哉善端初萌培

養之務充其量纖欲甫動芟刈之務絶其根欲淨而至於無可淨理還而至於無可還心無一息不覺覺無一念不真純焉化焉而後曰熟熟可易言哉中心安仁天下一人者也

夫死生之際大矣聖人謂朝聞道而夕可死豈直齊物忘形等彭殤於旦暮哉百年易盡者身萬古長存者道身所以載道也道所以立命也聞道則無愧於天之命無忝於我之生全受全歸死無憾矣若道之未聞其生爲倖存其死爲不瞑如之何可死夫性天至教匪可言授神明默識存乎其人聞

道者一朝而釋千載之惑一日而契萬聖之符故

聖人重之由死於狥義猶枉死也回死於短命如

不死也然同以一身脩短關斯文絶續喪予之悲

聖人深致意焉豈眞謂夕死可也

春秋書春王正月先儒論辨紛紛矣然未有確然得

其說者自黃帝作干支分十二辰而爲歲歲分春

夏秋冬而爲時曰春温如也曰夏燠如也曰秋凄

如也曰冬凜如也上叶星纏中應氣序下徵物變

晦朔相乘寒暑相禪蓋陰陽造化自然之運萬古

如一雖有聖智不能以私意更也謂周以建子爲

歲首遂并時與月而盡改之未温曰雷未寒曰霜可乎是周公爲逆天道也謂周既盡改時月春秋徑用夏時而擅復之朝用天統野用人統可乎是仲尼爲畔王章也予敢信周公仲尼之必不然也前乎周者曰元祀十有二月後乎周者曰元年冬十月周於其間何得獨改時改月仲尼又何從而擅復夏之時月也湯之伐桀曰舍我穡事而割正夏逌放桀南巢三讓而後卽位亦旣越兩月矣故遂以丑月稱元祀誥告萬方若曰我商王革命創制自兹始其後頒曆授時遂以爲首序初非有意

於改易正朔以新天下之耳目也周告武成在四
月去改歲尚遠子月一陽來復時起於子歲氣實
萌於子故因商之首丑改而首子以爲可逆天氣
而肇時令其義亦精深矣要以斗柄指子丑爲冬
指寅爲春自虞夏歷商周以至秦漢雖歲首三易
而月數時令未嘗易也安得以改時改月爲周誣
哉然則春秋何以不首十一月也列國名史取義
各異乘取其載也檮杌取其戒也春秋取其因天
時紀人事也名之曰春秋自當以春爲首自伯禽
建國立史所從來矣非仲尼創爲之也係正月於

春王者曰春遵天之道曰王遵王之制正朔從乎周紀事因乎時其爲魯史舊文也爲仲尼特筆也吾不敢知吾獨信周未嘗改夏時月仲尼未嘗倍周而擅用夏時也

七月流火九月授衣四月維夏六月徂暑維莫之春於皇來牟商周未嘗改月改時可詳攷矣朱子以周七八月爲夏五六月蓋承襲漢儒孔鄭二氏之誤改月數舛也因月數并改時令舛之甚也嘗意朱子生當宋末獨見江南風氣淮徐以北未嘗一至其風氣固不及知江南雨漲常在五六月北方

霖雨則多在八月江南稻田憂旱常在六月北方黍稷菽粟五月始播至八月望雨尤切故七八月之苗槁七八月之雨集北方風氣實然不得以南方相擬遂信爲五六月也

水旱饑饉自古有之太上脩德其次脩救脩德者自天子暨公卿大夫以至百執事各敬其身以調雨暘寒暑各共乃職以協歲月日時和氣鬯而災沴不作也脩救者積貯備於未然賑酌於臨事周禮荒政十二區畫詳矣然後世獨爲虛名非能如漢世予民田租之半即予田租而無田者不得沾

升合所恃獨有賑耳緩於冬而議於春晚也覈貧戶不覈丁口疎也設粥可以哺流民施之土著則滯散穀所以濟鄉民令其入城則苦平糶可行於官不可以強於市勸借可行於上不可以假於民鄰境之遏糴難禁先聞於朝可也內帑之請發難徼悉搜院道贖鍰可也窮邑之小儲旣竭通有無於旁邑可也少壯之坐食無用興公私役作授餼可也惟監司視國爲家有司視民爲子月循而日拊之戶給而人乳之雖甚危殆猶可救什之五六也蓋予嘗親任其事故能言其槩云

有君子則有小人有中國則有夷狄有麟鳳龜龍則有豺虎蛇蝎五氣錯揉變化紛紜雖天不能一之然豺虎藪居蛇蟲穴處別生分類豈必盡待聖人天亦有微權存矣故夷狄不能盡滅德懷而威服可也小人不能盡去量材而器使可也廣甄陶之化公激揚之典則棫樸可爲薪槱寬詿誤之門開自新之路則盜賊可任干城若忿疾已甚連引太多使其黨類甘心爲惡而不復顧名義亦君子之過也

有聖賢之豪傑有武俠之豪傑有道義之氣節有憤

激之氣節武俠者能以其材略集天下之事憤激
者能以其意氣樹一世之標不可謂無裨於世然
或安卑近而未光大或始奮勵而鮮令終則不學
無術故耳夫豪傑自雄而不造於聖賢氣節自奇
而不軌於道義猶未睹滄溟而秋水以自多欲適
康莊而誤趨於蹊徑也至道不離日用聖學只在
幾希有志之士宜審擇所安矣
堯稱則天德莫尚焉史臣贊之曰允恭克讓惟恭則
無怠無肆惟讓則不矜不爭形容聖德止此矣故
岳牧交讓和之至也畔路相讓風之厚也世衰學

廢士大夫不習温恭之行徒以智能相競權利相陵於是乎爭端四出囂訟詆詈無所不至爭於朝則縉紳無完名爭於野則士庶無完德爭於家則凶於家爭於國則害於國小爭交以言訟之象也大爭交以兵師之象也夫天水爲訟猶恃乾斷在上地水爲師則上無剛斷羣陰蠭起故兵戈之禍隨之殷鑒不遠在漢唐宋之季凡百君子其三復於協恭乎德讓乎幸毋以朝堂之舌鋒釀爲宇宙之血刃也

三公論道論其燮理者也三孤弘化弘其寅亮者也

夫燮理非求諸陰陽寅亮非求諸天地求諸三才合一而直操其符契俾陰陽順軌天地清寧此以天人性命之精爲朝廷命脉以中和參贊之學爲帝王師友所謂啓心沃心闡德輔德者也經邦云者匪經綸於治具而經綸從此出也故其任爲尤重然公孤不别設員即以六卿兼之如周公以冢宰爲太師名公以司空爲太保是也蓋冢宰統百官均四海天子亮陰則百職總己以聽其道德聲望必極天下之選寧復有居其上者故周官止以六卿分職而三公三孤無所見此足爲兼官而不

設員之驗也周衰諸侯疆大而侯國故無六卿各以其上卿爲相秦因之遂置丞相權操於獨重政去於昏主斯高之禍酷矣漢以後名制稍殊相權俱重得失治亂之林可考也

聖朝神武當天幺麽猶敢竊弄於是罷丞相而分事權於部院置學士供奉絲綸而秩不過五品淵謨睿斷豈不與成周合轍哉二百年來學士以漸加公孤獨攝六卿上無相名而有相權有相權而無相責然秉道者榮名怙權者折足則以睿斷在令甲直道在人心不容泯也惟當茲任者顧公孤之

名思樊賓之義何以論道何以弘化務致吾身於周名躋吾君於三五毋徒與後世挾權任術者比長挈大則社稷生靈之福也

可欲之謂善性本善也有諸已有非無也曰充實實非空也曰光輝誠則形著非枯寂也大焉化焉至於不可知有光輝者歛於無聲臭矣至善真積養盛自致也彼談妙悟者欲從禪寂直躋聖神究其蔽陷則無善無不善之說也始乎寂卒滅乎寂而欲與聖神同議歸宿吾弗知之矣

性衡於命而後謂之真性性不與命合止名曰氣不

名爲性命衡於性而後謂之正命命不與性合止
名曰數不名爲命口鼻耳目四肢之所嗜世俗所
謂性也仁義禮智聖人之盡與未盡世俗所謂命
也

人主欲造福天下惟賢士大夫共之士大夫之淑慝
邪正亦惟人主造之尊德義重風節恬潔者登奔
競者抑則士奮於道德矣覈名實程殿最有功者
上無能者下則士鶩於功名矣道德之士進而仁
義日陳明良交奮政教兼脩人材益盛君所以勳
華世所以蕩平也功名之士進而紀綱振飭百執

禀承顧本原未正巧僞漸起其國可以暫寧而不可以長治可以小康而不可比於大猷若夫主德昏逸於上大臣營私自固邪正不分廉墨混淆是擅聚富貴之徒爭名爭利竊人主之大寶而碎裂之也其不至於顛覆者幸耳

喜怒憂懼皆人心所不能無曰有所者有之而凝滯不化以心未知止故也知止則能定能靜觸事而動其動也以時順機而應其應也中節何不正之有焉一止爲正不止則不正此知止爲正心切要爲明德首務格物致知者知其所止而已易曰艮

止也止其所也止其所則動靜不失其時其道光明又語曰吉祥止止夫天道降祥降殃亦必擇所止曰止止者言吉祥之來必止於能止之人未有不止而能獲吉者也

人心即天命也天命即人心也一念弗敬則自喪其天一息弗敬則自隕其命推而一語一默一作一止一喜怒一取予天實降之命實憑之有一毫不可與天通與命合者君子畏焉凜然雷霆之將擊也惴焉神明之不我容也天真內瑩性機常覺何暇乎思議何待乎矯强若計及是非毀譽計及得

失利害則有爲而爲非君子養性事天之本心也然或利而行或勉而行作之不已乃成自然亦存乎其人矣

所貴乎成人者非獨成其身也成其身以成萬民以成萬物合宇宙而稱身兼宇宙而爲成也能使宇宙成其宇宙而後能成位乎天地之中故薄海之廣光天之遠有顛連弗及見者吾視之不明也有愁歎弗及聞者吾聽之不聰也有狂逞弗馴於度吾貌之不肅也有囂競弗率於訓吾言之不從也有闇沕不昭於皇極吾思之未睿也天無心以人

爲心天無爲待人而爲能脩其視聽言動於一身
者事天者也能達其哲謀肅乂於天下者代天者
也小孝無違大孝幹蠱惟聖人爲能幹天之蠱
王佐以道教養天下伯佐以術富强天下故一匡大
業而器小也上士有全節而兼全材中士短於材
而拘於節故信果美行而人小也若斗筲云者計
榮肥於尺寸較利達於錙銖如俗稱求田舍數炊
米之類其於名節世道不復知爲何物是且得爲
器乎且得爲人乎故聖人直鄙之曰無足算夫身
列冠裳志在斗筲至不比數於士林恥孰甚焉然

而為此者不知恥也恥心一亡何所不至能恥其無恥然後有恥有恥而後恥可免也

柳下之和如春陽溫煦被於物也阿衡之任如夏與萬物共昭明也首陽之清如秋氣肅而生機歛也箕潁之遯如冬氣閉塞而枯寂也心止於純安得不謂之仁行止於極安得不謂之聖然各專一氣各擅一行則膠於所見未洞全體故也有所見則有不見無所見則無不見仲尼能統元氣而時出者以心同太虛圓神中不著一見也其皇皇易世無一念已者乾元之不息也其歷說列國無三年

淹者四時之遞遷也

自古君子與小人爭君子嘗不勝而小人嘗勝爭在大臣則持衡在人主爭在庶僚則持衡在大臣人主未必能辨忠邪也大臣未必不好諛而惡直也君子秉義難合小人工媚易投則易投者勝君子特立寡援小人植黨多附則多附者勝君子易退如介石小人難去如拔山則難去者勝其君子有時而勝者必也明君察相主持於上乎夫有明君察相小人安得與君子爭也若君子所以自勝無他術焉正已而發不中不怨勝已反求諸已而已

矣

義一而已以禮遜信行之則爲君子之義以信果行之則爲小人之義執極而不變者德也擇中而時措者道也時而雨露時而霜雪風不鳴條雨不破塊雪不折枝氷不介木盎然太和元氣流溢於春生秋殺之中故有時安常隨故與斯世休息無爲天下不以爲因循有時順變達權創古今之所未有天下不以爲矯異夫義者宜也宜於心不宜於迹宜於已不宜於人宜於始不宜於終皆不得謂之義曰禮遜信者精義之至非於義外有增益也

惟忠恕可行終身惟絜矩可平天下絜矩卽忠恕也以一心度萬心以一情調萬情己所自有方敢求人己所未無弗敢非人己所甚欲卽以同人己所甚惡弗敢加人處上下前後左右皆如是也則賢愚靡不心服怨惡安從起哉後世士大夫不講於忠恕之學徒以智能相尚意氣相豪議事而規隨操縱異則以規隨操縱爲愛憎議人而剛柔和介異則以剛柔和介分邪正攻擊不必符其實詆詈不必顧其安此士習之最薄而漢唐宋之黨禍所由興也故君子公恕以存心忠厚以御物國是得

失邪正消長何敢不力爲主持然從容諷議庶幾乎感悟轉回毋徒以憤激生釁不幸而朝論混淆是非倒置則危行言遜奉身高蹈可矣

夫代有升降俗有隆汙儒者每歎古今不相及豈其然乎讒說殄行休明之大蠹也唐虞時已有之三風十愆極衰世之昏淫也夏商時已有之惟聖君聖臣明目達聰以燭其奸令諭刑禁以翦其萌故讒佞不得行而昏淫胥化於軌則也嘗觀開創之世吏多醇樸民鮮澆訛蓋否終而泰剝極而復天運人事相因如此傳至中葉政教陵夷人情復漸

趨於下自三代歷漢唐宋皆然乃知古今之治亂若循環風俗人心亦若循環而漢唐宋竟遜盛於三代者則以創業之君臣不能如三代之聖哲也

管子有言君行臣職煩瑣細碎則臣下懈怠不肯任事如此議論五經未嘗有也後儒注元首叢脞純用其語予未解焉一日二日萬幾紛至人主宵旰求理可謂侵臣職乎草木挺生者枝榦聳而直上叢生則旁出變亂不能振起脞從身從坐亦近於頹靡不振皆率作愼憲屢省之反也故股肱因而惰也方以率作責難忽以煩瑣作歌何辭意不類

也蓋管仲欲以伯術用世非專君擅政則不能直行其意曰君行臣職臣懈怠不肯任事此强戾要君之語謂帝臣王佐有是乎哉心志不一理欲紛雜曰業精神不奮敬怠相參曰勝

卑宫卑服帝王盛節以一人治天下不敢勞萬姓奉九重也未央壯麗猶阿房之侈心乎殷邦五遷未聞厲民周作新邑太保率殷民攻位于洛汭僅五日位成規制不侈而經費儉也後世崇宫峻宇視殷周不啻數倍中外將作侵牟視經費又數倍非糜金錢數百萬何能卒役勞民傷財雖明主能盡

知乎嘗過冀州見高陽氏故墟頹垣周遭不過七八里宮禁居中不過一里餘城南二里有高陽帝塚高可丈餘高陽氏去堯舜未遠也茅茨土階之制標枝野鹿之俗可遐想已或曰高陽氏都帝丘在今衛濮

有一代之開創則有一代之治體湯革夏正佐以阿衡今讀其詩書之文整潔嚴峻當時治體可知也賢聖繼作補敝捄偏無致過佚迄於武丁荆楚不庭伐之三年必克乃已師則憊而威已伸故終商世六百餘年屢見河患不聞有侯國跋扈之患藉

令帝乙舍紂立啓周雖奕世載德如商何哉周之
興也本以仁厚立國行葦既醉歡洽太平采菽蓼
蕭威不勝惠僮三四傳昭王南征不復遂弗能問
中興止一周宣令業弗竟東遷以後射肩窺鼎天
王直寄坐耳孰謂有道之長周過於商也

汪子中詮卷四　萬曆辛亥王子集

聖門弟子問仁多矣獨曾子無所見乃其言曰仁以爲己任死而後已蓋聖學正脈以仁爲本朝聞道夕死可者求仁得仁而已歛之一念之凝虛湛精之天載之無聲臭容之造次顛沛之必不違此仁體也禮周於三百三千皆其迹也如手持足行之自然也悳徧於九州萬國猶其粗也如川流澤滙之必潤也

近世譚學謂妙悟者智效天也謂實修者禮法地也夫天地果有二乎一元渾淪二五紛盪地氣上騰

爲天天氣下濟爲地天得地而資生地得天而資始總一元之流行也禮得智而明所往智得禮而踐其實總一仁之貫徹也聖人言崇效卑法本欲合智禮爲一後世各執一以相高下亦未睹於天地之全矣

龍馬出圖伏羲作卦當時有畫無文未必以易名也至夏商有連山歸藏而易之名著矣夫易何爲而名哉謂神易無方體乎謂隨時變易從道乎聖人代天闡教以顯道牖民未必自標玄奥以駭天下後世也因筮得卦因卦知吉凶人謀鬼謀百姓與

能共於變易奚取若窮神知化盡性至命乃聖人究極易理如此非上智宜不得聞且其言始發於孔子文彖周爻皆從人事物理發揮未有深及神化者而肯以神易名其書乎然則易何爲而名也乾以易知坤以簡能易則易知簡則易從聖人固自言之矣中庸作於孔子述於子思天人性命之奧悉備無遺乃其名曰中庸其素位而行曰居易易之六爻異位卽素位也素位盡道宅平履易可以知險知阻可以寡悔寡吝此聖人因貳以濟民行意也且乾之九二爲君德聖人繫曰庸言之信

庸行之謹乃知易庸命名義一而已易盡萬物之
情變庸闔一中之精微本之惟乾易坤簡故曰易
簡理得而成位乎中也自易之命義不明後世擬
易者曰玄曰極曰虛其將自附於神易變易者耶
其於乾坤易簡未致思耶
無平不陂無泰不蹇天之數也危可使平傾可轉易
易之教也愛惡利害變乎境剛柔中正依乎道無
入而非安宅無往而非坦途故名之曰易九疇之
作也順五行修五事要歸於建極會極去偏黨反
側以遊於正直蕩平故名之曰範天出圖書以授

聖人聖人紹天意以彰顯道使天下常安而無危
也常福而無禍也常治而無亂也賢哲易於循軌
而昏庸無難改轍也此天與聖人仁愛斯世無窮
也
治則見亂則隱藏器於身相時而動聖有明訓矣後
世治日少亂日多則君子居廟堂少居山林多也
山林無越思以體道希聖爲思山林無越行以養
性事天爲行忠信篤敬孝友睦鄰其脩身之實乎
談玄談寂勿入耳焉可矣樹穀植桑山樵川釣其
養身之策乎徵貴徵賤勿縈念焉可矣動爲鄉範

口謝時政其周身之哲乎人臧人否勿掛頰焉可矣夫君子豈好爲石隱遵晦獨善與時消息道固然也或曰苟有用我如不素習何夫忠信篤敬何施不可未聞學鞠子而後字者也

古人每食必祭食瓜有祭禮明載之唯聖人心純乎敬事無大小其敬一也故食羹瓜祭之心卽享帝享親之心若見爲末節而忽之焉往而不可忽將大烹五鼎皆虛具也賓飲百拜皆縟儀也其何以爲聖人學者識聖人之心則知所以自存其心

凡學道之士見於君子未有不擇言而問者賓有相

接未有不正襟而莊語者其搦管摛詞未有不究
極天人精研名理者果皆根心而出乎抑徒取口
給餙藻績乎心與口一不相符其不誠甚矣君子
以忠信之心審樞機之發口吐之即身體之身有
之而後筆宣之無勦說以謏聞也無撫華以掩實
也是謂脩辭立誠以此容脩以此默証師友之講
習筆舌之數隙皆實功也故曰所以居業聖門善
言語莫如子貢聖人教以先行其言而後從之此
脩辭立誠之旨也
夫有口極珎羞者則有食無莪菽者有身窮羅綺者

則有衣無裋褐者有崚宇雕墻者則有露宿草樓者民之窮迫於上之人窮用之而靡有遺潤也上窮其慾以朘之下窮其力以供之民之窮者上下窮也且夫驕奢縱佚人之情也乘輿宮闕下之望也自王公大人貴戚豪右習見官家侈麗僭擬成風於是倡優后飾墻屋被繡者徧天下而民窮益不可支矣故古者聖王昭儉德以臨百官百官象之萬民效之其取不苟其用不濫故財恒充溢於上下而齊民不至獨貧三代而後惟漢文景之際殆庶幾乎觀世變者有餘思矣

夫爲人牧牛羊者必爲擇善水草以飼之躬荷簑笠
以時收放之牛羊肥息而後爲忠於所託未有怠
芻牧而坐視其羸斃者也君相者爲天牧人者也
田里樹畜之制不脩治教政刑之用不善致令無
辜赤子有死於饑寒陷於刑戮毋乃孤天之託乎
四海廣矣郡邑守令衆矣誠心愛物者豈其無人
一人造福惠止一方惟君相操其仁心以提衡天
下之監司守令而後澤洽於天下也
天地生財止有此數權征進奉入孔多而惟正之供
耗矣國家制用本有常經宣索靡竊出孔多而軍

國之需匱矣入孔不清而逋負是急民益困也出孔不塞而轉借以應國益空也昔漢武乘文景富庶賦斂輕緩故得筭舟車稅間架以取盈一時然猶以爲繕兵餉士制服四夷用耳至唐德宗瓊林大盈擅爲私藏戍卒五千一呼而悖入悖出易如反掌此足爲人主私積者之殷鑒也夫散小儲成大儲陸贄可謂盡讜矣然曷不曰陛下所取於商賈者非神輸鬼運皆窮民脂膏今軍興用乏賦入不繼曷若下明詔出私藏數百萬代窮民一歲之賦是民窮與軍興兩濟將海內感誦仁聖亂賊不

足平也千慮一得豈陸公偶未之及乎

聖門爲學者多矣何好學獨許顏子不遷不貳語存心之審見好學之篤也人心惟常存則常覺惟常覺故有怒則旋化有過則旋改所謂有不善未嘗不知知之未嘗復行譬如太陽常照而纖翳弗能干也萬頃之潭常湛而微塵弗能溷也自其常照常湛則謂之好學諸弟子能制私喜聞過者豈無其人而未能常照常湛則學有作輟未可以言好故曰今也則亡此見聖人之學以存心養性爲本以懲忿窒慾遷善改過爲實若學問思辯以明善

多識以蓄德皆存養致用之助非學之本原也
子文之忠知有忠而已文子之淸知有淸而已仁體
精微純乎天理之極必知仁而依於仁則忠從仁
出忠即仁也淸從仁出淸即仁也二子未聞聖學
曾未知仁體爲何物其爲忠爲淸衹任其性資之
所近意氣之所激焉得以仁名哉子張好難能者
雅慕二子奇節瑰行遂揣摩之以爲仁在是夫子
因答而寓箴誨若曰師未知仁焉得以揣摩言仁
也

聖人之學惟約禮而已禮本吾心之天則齊明純一

禮之體也聖人因天則制爲周旋裼襲禮之文也
文即禮之散殊典謨雅頌多聞多識無非禮也博
固所以求約非約安所事博約諸心而齋明純一
罔或雜也約諸身而周旋裼襲罔不欽也向之苦
仰鑽者幸有所從入矣苦瞻忽者幸有所持循矣
故欲罷而不能已才竭而功愈深功熟而機漸融
若見高堅者之與神凝前後者之與精攝故曰如
有所立然神凝之而未能保其不離精攝之而未
能渾合爲一其三十而立之境乎未至於不惑也
其三月不違之際乎未至於安仁也故曰欲從末

由夫才之竭竭於禮也立之卓立於禮也非禮勿視聽言動所謂約諸心約諸身也約有規繩之義焉勿有檢制之義焉彼謂任心自然直躋上聖者蓋徒見高堅光景遂謂一徹永徹未嘗約禮烏知竭才之不易未嘗見卓焉知欲從之更難也

聖人身度聲律具見於鄉黨篇矣在朝在廟在鄉在家一服御一食飲一動止一語默皆其燦然者也謂聖道不在迹象乎聖人之神傳迹象以出非迹象胡以見聖人天載之神因時物以顯非時物何以見天載資睿者得神以會象質魯者緣象以悟

神神無方而迹有體徹內外之道也彼是內非外
與滯外忘內者皆想度於虛境未嘗實用力焉故
也
聖人之道無形可覩無聲可聞何以稱高堅何以稱
前後仰於何所鑽於何物瞻於何境意者日用間
有精妙耶庸言庸行有神動天運者耶非顏子潛
心之至未能窺測若此故文章可聞性天不可聞
孰能因可聞以探所不可聞則仰鑽瞻忽當與顏
子同苦矣衆人觀聖人以迹顏子觀聖人以神
夫人欲與天參也學欲法天徒也天之運萬古如一

日君子之自强百年如一瞬凡氣有銳衰功有作止皆惰心爲之聖門不惰惟回一人聖人與回所以勵諸弟子也他日論好學回死則亡其激發甚於雷霆之迅宰予晝寢直比於朽木糞土其督責過於夏楚之威吾儕誦聖言儼承謦欬曰今亡焉是吾耻也曰何誅凜焉若吾責也惰者庶幾有奮乎不然雖日沉酣經籍猶爲未讀書也

四十不惑知人也五十知命知天也身心性情之幾愈研而愈徹天下國家之故愈究而愈精萬感不能眩其明萬應不能窮其哲是謂智者不惑其知

命則從學易來吾心一太極也動靜一陰陽也生死一晝夜也鬼神一屈伸也以剛柔妙變通以易簡知險阻蓋先天而天弗能違立命而命弗能制也豈徒知云乎哉道準於天之謂易身體夫易之謂聖

五十學易而後可無大過聖人非虛爲謙讓也檢身如弗及不得則反己冲焉不敢自盈退焉其常自下自古聖人未有偃然自信其無過者故征誅不能無慚禪受猶懼其忝瞍頑象傲曰孝友之未孚叔畔君疑曰忠誠之未至適齊適衛伐木絶糧泉

人以爲遇窮聖人以爲貞吝此觀象觀變玩辭玩占所以深致意於易也以身體易以易凝道剛柔中正之理得矣應求違合之機審矣進退消息之權豫矣憂虞悔吝之端杜矣故曰可無大過

凡學求有諸己而已反身而誠有諸己之盡也故言悟則實有其悟虛明内湛毫無可斷續也言脩則實有其脩衾影相對毫無所愧怍也有而積焉積而盛焉充實光輝自不容已矣詩曰惟其有之是以似之

存心以養性也而不貳以堅其力集義以養氣也而

勿助以俟其長無緩圖無速化無銳始無怠終如是者功以積久而熟機以漸洽而融優游自得與鹵莽而得者固不侔矣居安者涵養之既定也資深者停蓄之不窮也時而出焉其應無方矣若告子之爲仁義以矯揉也其不動心以强制也世有矯揉而能持久者乎有强制而能當震撼者乎此聖人之學必求自得而揠苗之害與不耘苗等也

夫學之求自得也在知所止安汝止而已知德者鮮未知所止也知止則知德矣知德則據於德矣凡學問思辯之所明身心體驗之所至有朗然獨覺

怡然心悅者皆德也即天之明德吾自知而自得之也得而據焉有之而弗志存之而弗失久而純焉則仁矣仁者德之渾全而纖欲無間者也依之謂渾合不離無一念而非仁也據有確守之意焉依則漸熟而漸化曰止曰據曰依同體而先後異名也心有止則主日寧有據則德日進若茫無所止而任其奔逸四出是之謂放心故知止要也

自墳典以降載籍漸繁學聖人者類從多聞多識入矣黃虞而上何載籍可攷神聖迭作皆仰觀俯察淵然默會於性靈而超然獨悟於象外視超識於

見聞者固徑庭也學不厭者眞見夫道體不息必
至誠合天而後已教不倦者眞見夫大道爲公必
兼善一世而後已此三者乃聖人純天之心亦聖
人所終日乾乾而不容自寧者也其乾乾而不自
寧卽純天之心也曰何有於我蓋自儆自惕之詞
正所謂望道而未之見者豈姑爲謙讓乎哉
夫道術分裂百家蠭起守道君子所篤信者六經仲
尼之言耳非信六經仲尼也反諸心性而合故信
也老之虛靜近眞佛之妙明歸寂於心性果合乎
哉夫子語顏子曰非禮勿視聽言動顏旣勇於請

事矣莊生假託其詞曰墮肢體黜聰明於請事何
居夫信墮體黜聰之爲顏而不信視聽言動之爲
顏是信莊生過於信仲尼也甚矣異說之浸漬人
深矣其心性而聰瞀之也

祝鮀佞夫也而習於俎豆王孫賈權臣也而閑於軍
旅衛靈用之猶免於喪才之有益於國如是夫才
德合一其上也德勝才可鎮雅俗才勝德可備馳
驅人主烏能盡得上才而用之度能以授任試事
以徵能則天工無曠而天下治矣後世衡才者私
則易昵刻則求全故朽株或濫於棟隆合抱或捐

於寸蠹宜續用多槩而顛覆之難救也
陳恒弑君聖人沐浴請討非爲齊也爲魯也爲萬世
君臣明大義也君不可相不可能使大義明於天
下則已矣一告老之大夫猥云先發後聞不亦繆
乎
水火切於身也不得則身喪人皆重之仁根於心也
不得則心喪舉世忽之故水火有蹈而死者倚藉
之甚殷或致災弗恤日用之甚狎或隕生弗顧也
乃蹈仁而死者未見矣親之似謂無益離之若快
其私非道而富貴則處焉非道而貧賤則去焉縱

欲滅理甘爲之舍生取義必不爲矣噫此聖人垂
爲人心惜爲世道慨也夫尊爵惟仁安宅惟仁利
用廣譽莫如仁蹈仁者豈必死惟至於西山可餓
忠諫可剖而見仁之必不可去所謂顛沛必於是
也
未悟之先忠恕自忠恕多學自多學也既悟之後忠
恕即一貫多學亦一貫也優孟學孫叔敖非不儼
然相肖其形似其神非叔敖之所以爲叔敖其神
有真焉耳
夫日用不知之民耕鑿無營之衆豈少於世聖人無

責焉者以其誠樸未散眞心猶存也羣居終日則游閑無事矣言不及義則胷臆任逞矣好行小慧則聰明妄作矣此其人以詭浪縱恣爲日月以舞智弄術爲精神小之敗檢喪名大之凶家害國將無不至故曰難矣哉夫人負七尺之軀其意氣精力必有所用用之於理義則爲君子用之於私智則爲小人曷不愼其擬議而歸之於講習也移其小慧而借之於大道也

人有義讓三公而見色於簞豆有才治三軍而牽愛於房帷者非其智於大而闇於小也義以意而襲

取意之所不至則讓者鄙矣才以氣而激發氣之所不勝則伸者屈矣惟學問君子明善以誠其意集義以養吾氣誠意則無眞僞養氣則無勇怯故投之至大而不亂也伺之至細而不淆也

夫格致所以求誠正非外誠正而別爲格致也經書旣明則日玩索焉涵泳焉以求實證實脩其博稽泛覽以當游藝焉可矣故謂讀書窮理爲支離猶可言也併存心主敬而曰支離非之非也然讀書豈必盡支離善讀之則羹墻聖哲面友千古彼羣居講習而求麗澤者孰與陰陽爻象之默契也孰

與典謨雅頌之神交也
敬勝義勝丹書僅數語非聖主齋心而請弗輕授也
太公雖隱處海濱其所存養可知矣牧野陳師而
發揚蹈厲之氣見焉其仁者之勇乎故君子抱德
於身可以文可以武可以規天滁地可以開物成
務是謂大道不器
周禮一書分職定制治法至精密矣或曰周公致太
平之迹也或曰周公未成之書或曰書出於河間
女子爲漢人假託由今觀之書載周官僅提其要
兹則綱舉目張織鉅不遺葢監裁於二代斟酌於

時變其為周公所定掌故所記須之朝廷邦國無疑也第東遷籍亡秦火禁厲散亂遺闕有不能全攷矣若謂漢人假託則冬官可竄飾成編何必以考工記為贅附也夫政從心運法隨俗變聖人曰周因於殷禮所損益可知也其或繼周者雖百世可知奚論繼周即使周公常在能必八百年之間無所損益乎後世君臣有志於成周之治亦惟是師其意不泥其迹因革補救與時變通俾設官分職體國經野之仁盎然流浹於海內斯可謂善法周公矣若俗化所不宜也民情所不便也挾巳見

而驅廹行之則劉歆王安石所以擾天下何貴於
法古哉
天覆地載吾大父母也所燕詒我者有天爵有廣居
矣爲子而不克負荷如忝所生何堯舜周孔吾大
宗師也所詔告我者既手攜既耳提矣爲弟子不
能傳習如負教育何故象天不息務完其所全畀
者乾坤之肖子也師聖不厭實踐其所心傳者唐
虞之英材也夫欲爲肖子於乾坤則塵寰嗜慾之
滋垢烏能干之欲比英材於唐虞則叔季習俗之
汙染烏能累之故君子之學莫先於尚志臨以嚴

父督以嚴師猶委靡而弗振也其自棄甚矣
有晝則有夜有生則有死天之道也老氏徇生欲專氣以延之釋氏厭生欲歸寂以滅之皆竊弄造化之機上逆天道而且談心性說天人乎眞所謂惑邪詖而惑世敎者也彭籛喬松數千載不一見延生固無驗矣若厭輪廻之苦脫離度世長居於極樂淨國是長爲鬼而不爲人也使天下人盡從其敎有死而無生是人類將殄絕也使天下不能從而已獨爲之是自私而自利也然其說固曰吾欲度盡衆生夫欲衆生盡歸無生長爲鬼而不爲人

幻妄甚矣况屈伸相乘聚散相感大化流行不息陰陽錯揉無端豈能以私智而脫離之陰府輪迴吾不敢知其有因果報應吾不敢謂其無氣清者從天氣濁者從地忠孝正直之靈復聚而爲賢俊好邪貪污之質怨變而爲異物此於理可信者也儒者謂太虛皆氣不必以屈氣復爲伸氣此固然而不盡然若大聖大賢嶽降者還歸於嶽星降者還歸於星名世將生星嶽復降是不可以常理論也

世傳蘇子瞻病革得一禪師相勉遂作偈念佛數聲

而逝此與臺城誦麼荷者無異世衰學廢士大夫不得志於世其憤鬱無聊之氣常託於禪寂以自解故釋者釋也解釋其憤鬱之氣以歸之空空則無事也陶淵明嘗與遠公遊得其意而不從其法其言曰縱浪大化中不喜亦不懼應盡便當盡何須復顧慮此猶有儒者氣象故樂天知命者聖順天安命者賢惟俗士未嘗學問當大故心無所主不得不借慈航於釋迦也

夫古之至人不貪生不怛化其於生死去來之際見之審矣顏淵死子哭之慟鯉也死門人不記一言

乃知聖人愛道重於愛身悼回深於悼子也

一元統天盡乾坤之蘊矣四德迭出而不窮者一元之全體也一中執極盡唐虞之精矣九德咸備而不偏者一中之妙用也後世儒者知求天於無聲臭求中於不睹聞而九德之學曾弗加檢省反諸一身此中已不無窒塞矧望其時措咸宜哉惟涵養於不睹聞而後九德顯惟九德咸備而後涵養真故致中和者致諸身心而達之事物也致諸行履而沛之經綸也

聖人有聖人氣象賢人有賢人氣象誦其言想見其

人雖百世猶親遺也謂有若似聖人乎讀孝弟禮和章其似者蓋幾希焉曾之任重道遠思之潛伏屋漏真聖人之言也孟氏大焉而未化濂溪明道醇焉而未大正叔元晦之主敬子厚之西銘皆賢人之言見聖而克由聖者也薛德温讀書錄其於明道庶幾乎伯仲矣

內觀方寸而有參贊兩儀之思外觀寰宇而有保合萬彙之思前稽往代而有紹明千聖之思後窮來世而有楨幹終古之思此非出位思也丈夫生桑弧蓬矢以射天地四方其志當如是矣其志遠故

其思遠其所以爲思則延存吾心養吾性其藏愈密其用愈弘造化一身千古一息皆盡性之能事也

聖人節欲釋氏斷欲聖人制情釋氏絶情天倫歡戚廢矣人世卑辱忍矣哀樂喜怒出乎性者既盡遏抑之所明者何心所見者何性也彼以寂覺內照爲性欲獨守之以歸滅度養未發而去已發邈無生而厭有生絶情斷欲之心正情欲之膠滯不能忘也學士大夫惑其教者祇欲離生死徼福利予獨謂徼福之心不可以得福怖死之心不可以超

矣

氣與理非二物也性與知覺非兩合也試思混沌之初渾然一氣而已天何以開地何以闢日月何以懸象陰陽何以代禪五行何以錯布皆氣之自爲摩盪自成文理若有所主宰焉者氣發育而爲人物則文理自心而生若有所受命焉者故曰觀乎天文以察時變觀乎人文以化成天下聖人創性命之說以教天下者皆從其自然之文理爲立名示的以導其趨此性之所自來道之所繇出也窮理盡性以至於命理即性也窮之以求盡也盡之

至而與命合則成位乎中矣

兩儀有恒位二曜有恒明四時有恒序萬彙有恒性凡物之有恒者必其眞純無妄故能恒也故性無不善天實命之其有不善焉者氣蔽之而習遷之非性之本體也氣蔽之而幾希猶近習遷之而聖狂始遠今夫日月晦蝕夏雹冬雷五氣紛揉偶成愆戾而恒明恒序者亘古如一此氣蔽之說也故謂論性當兼論氣則可謂有天地之性又有氣質之性氣質不可言性且旣曰恒性又安有二也

夫世味與道味互爲濃淡得道者自能忘遇安遇者

可與進道此聖人深賛陋巷而亦有取於緼袍也然衡門有砥節之賢世胄鮮矜脩之俊窮困易以竦心紛華不無溺志顧其人自振何如耳夫士皆期於學道而希聖也貧與富皆身外事也若徒能粗衣糲食而學道希聖之功弗勤弗勇則與隴上耕夫守財虜何異此又聖人所深鄙也

松柏生於幽壑非有桃李之榮艷梅柳之芳媚也其外渾樸故足以含靈其內腴潤故足以滋榦善觀物者蚤知其能貫四時傲霜雪矣又知其能歷千禩棟明堂矣彼榮艷者芳媚者非不取快一時其

如秋風捏落何正人君子猶松柏也人主蚤知而蚤用之則可以長保榮華而厺殄瘁若平居無以自展臨難而後節見非國家之福亦君子之不幸矣

君子大其心而後可以任重故八荒爲我闥也萬物爲吾體也小其心而後可以致一故瞬息必有存也隱微必有愼也易其心而後可以揆事故鏡懸待妍媸也水止待低昂也危其心而後可以制變故袵席慮戈矛也眉睫憂萬里也夫惟小故能大惟危故能易肆蕩不可以爲大也狹隘不可以爲

小也清曠不可以爲易也縮懦不可以爲危也
鄭國辭命更四賢而成聖人非取其詞命之善也取其和衷共濟不以人我分見不以長短競能也草創者不取討飾之未工脩飾者不知創討之未備潤色者不遽自用而先用人人之有技皆相臣技也故曰子產有詞鄭國賴之嗟夫使後世議國事者皆如是則安有牛李之分搆元祐熙豐之反覆哉故善謀人國者莫貴於虛心莫病於有我
深厲淺揭遯世者自謂能知變達權矣聖人猶以爲果何也春秋之世雖綱淪法斁而魯衛齊晉諸君

猶或知尊賢敬士其臣不乏忠賢猶可與秉義明
禮故徹環不舍庶幾其一遇如宰中都攝相事苟
得志一國即一國之東周也治則進亂則退好絜
者能之未可以語權惟亂而思轉乎治退而不忘
乎進然後見聖人之達權也
五氣順序太和所以運化其相盪而偶相戾也有不
得不然之數五事交脩聖人所以燮和其致用而
偶致拂也有不能必遂之心故天至仁矣不能使
世無水旱民無夭札堯則天矣不能使臣無共鯀
子無丹朱惟水旱什一夭札百一其至仁自若也

惟罪臣終放傲子舍立其則天自若也若夫天人一體志氣交動理誠有之簫韶奏而鳳凰儀玄圭錫而洛龜出桑穀以脩政雊妖熒惑以善言退宿姬積德而赤烏昌後嬴無道而白帝速亡吉凶惟人召亦惟人挽是以聖主顧諟明命克謹天戒數有不得不然豫慎之以防其然心有不能必遂益脩之以俟其遂故治亂持危造化在手而天弗能違也

聖人之學求諸心性而已心性之學日新又新而已一眞爲主澄之纖翳不留七情初發約之非幾盡

黜百爲酬酢閑之邪僻俱化斯之謂學朝乾如是夕惕如是一日如是期月終身如是斯之謂時習習而久久而熟焉所謂自得之也內觀泰宇之凝自覺與天地相似外觀應感之順亦覺與鳶魚同適其悅也天機獨契有不可以語人凡自得而可語人者非深得也後世學者亦嘗反觀昭曠自謂有所得第一見光景輒翹然驕語妙悟視時習之悅遠矣

戒不睹懼不聞誠之至也以此別理欲於危微是謂自誠而明知遠近知風自明之始也從此審敬信

於至靜是謂自明而誠中庸首章之君子脩道立教之聖人也末章尚絅之君子由教入道之賢人也至篤恭治平與中和位育無異則賢聖天人一已近世談學者謂賢人與聖人異路必盡脫賢人窠臼而後可以入聖然則下學終不可上達乎此迷心禪悟於性教未深思也

夫多識為蓄德也多聞為建事也讀書窮理正所以養性脩身非徒誇博贍炫口耳已也聖人自道其知曰好古敏求至與諸弟子論仁則曰克復敬恕曰恭敬忠曰恭寬信敏惠論行曰忠信篤敬論君

子曰先行其言脩已以敬而多聞多識之說罕及焉豈非膚識贅於聞見而至德成於充養哉今有適京師而問行者則告之曰當戒僕馬望徐兖而北轅也水行則曰整舟楫備帆維而慎發也至於詳涉歷之險夷商資斧之多寡彼自能得之無庸贅詞也已

不睹不聞非一於寂也萬目共睹所不睹者自在萬耳共聞所不聞者自在戒懼至此洗心藏密至矣聰明聖智從此出天德從此達矣後世學士狥迹象者既未足語深造有能極深抉微直見本體又

雜於空虛無執著之說舉其藏密者而疏漏之謂之何哉夫曰戒慎則戒慎矣曰恐懼則恐懼矣忽反其語曰實無所戒實無所懼曰見參前倚衡則見矣必曰實無所見實無參倚皆取空寂遺墮混聖言以標新旨遂使末學眩惑而厭拘檢樂縱肆者靡然從之雖曰不賊道吾不信也

聖人言存誠言祗敬非聖人創言之也欽明允恭溫恭允塞堯舜性體如是天所命也戒慎恐懼吾性中所自有吾率之以完吾性也今其言曰目自能視耳自能聽心自能思手足自能運動存誠持敬

皆外鑠也是强以一物治此一物也驟聽之其說甚高其旨甚誕夫使天下盡廢誠敬之教任其自視自聽自思自運將恣情徇欲肆意妄行何所不至其深害可勝道哉且彼嘗自謂吾精神一攝束便與天地相似又謂天之與我當先立其大匪誠匪敬能自立大乎能精神攝束乎此聰明豪傑之士大語誇人而行不掩焉者也

子靜示胡達材云達材所進乃害心之大者所謂若有神明在上在左右乃是妄見此見不息善何由明夫不顯亦臨無射亦保神之格思不可度思古

聖人存心養性未有不從兢業中來若以持敬爲
妄見爲害心將必心無其心見無其見一切歸於
何有而後爲得本心乎且夫聲色臭味利害得喪
日膠擾其心者所謂斧斤之伐牛羊之牧也以持
敬養心而比於斧斤牛羊必何如而後爲養之不
害乎吾不知其解矣

小心翼翼昭事上帝子靜亦嘗言之顧以誠敬爲外
鑠爲害心翼翼昭事者安在也朱子謂子靜所見
第識取一心萬法自流更無他事所以不畏天不
畏地任意訶譏夫世有任意訶譏而可爲學問者

乎獨持一意見而更目人爲意見獨持一議論而更目人爲議論詳味其語氣一似禪衲中之雄傑者謂其學獨得於孟子予未敢信也

子静云苟能存此心此理自明所謂溥博淵泉而時出之當寬裕温柔自能寬裕温柔當發强剛毅自能發强剛毅此語何容易也天下有生知安行之聖則如天如淵性體自具顧類同而不能皆聖也性同而不能皆全也氣質拘之則性以氣而駁私欲蔽之則性以欲而昏撤昏爲明剗駁爲粹非一日之力也即力可足於一日而不能必之日日也

顏子賢亞聖矣功不倍矣始能三月不違其餘則日月至焉而已溥博淵泉言何容易也聖學湮晦釋氏以直指心體悉談神妙儒者沉溺其說稍見虛明光景輙復然自大謂可以立躋神聖超凌千古試反諸躬而粗暴之浮氣未能袪也好勝之私意未能融也此身猶在塵垢遠欲與天淵比德不亦妄乎

夫儒者高談禪寂非一端矣有借資恬淡養德山林者其上也有陰獵寂旨明附聖學者其次也至推尊如來退機鋒樹赤幟以與吾儒抗斯下矣最下

則虛幻塵俗謂不礙性體裂維棄執無復忌憚近
歲有罷官二千石而削髮歸空托鉢行乞弗耻著
書侮聖叛經弗顧此何人哉乃一時名公哲士猶
相與稱揚卵翼之若以扞罔爲可惜不知果何說
也今天下信佛滋甚自王公貴人下至閭閻隸卒
奉佛滋廣將來流毒靡所底止范甯論王何之罪
浮於桀紂謂一身之禍輕歷世之患重也司世教
者寧無隱憂

無極而太極非創自周子道書中蓋先有之道家以
無爲宗因仲尼易有太極之說更加無極於上以

自崇其教也說者謂太極圖傳自陳希夷是未可知第周子既以圖說易通親授二程二程獨秘之未嘗出以示人即伊川作易傳未一語及至朱子始表章之以傳於世而二程深意竟未可曉得非以無極一語或近於虛寂主靜立極之旨恐偏於靜將爲二氏藉口歟不然朱子之表章爲闢道脈則二程之秘不示人爲隱師傳也予不能無疑於此矣

夫天地合德日月合明四時合序鬼神合吉凶聖人性之者也自大賢而下氣稟有清濁物蔽有淺深

即直從本體操存其昏翳能一朝滌乎性天能一日淨乎釋氏求諸未有物先併六根五蘊而盡空之自謂虛圓寂照適得吾體矣其寂也何爲其照也何物自謂斷欲歸眞欲斷而眞亦斷自謂滅情見性情滅而性亦滅何也所貴乎性者以其能運萬象宰萬形也萬象既隱性復何存萬形既毁性將安附此釋氏一切斷滅之淰寄心於天地萬物之表而蜕身於五常百行之外者也然猶面壁十載苦行半生而後得之彼虛圓寂照豈一日能哉今竄釋而爲儒者動稱一見本心萬淰自流不必

誠敬不必操存不假聞見不待安排天自覆地自載日月自明四時自序鬼神自吉凶吾自信吾心自與之合嗟乎自開闢以來聖賢之學有如是徑捷者乎上古神聖莫過於伏羲氏神農氏然且仰觀俯察觀鳥獸之文草木之宜以通神明以類萬物因龍馬負圖列奇偶分陰陽畫八卦重之爲六十四以與民同患雖曰造化自然思索安排豈能盡廢若堯舜兢兢業業周文翼翼勉勉更無論矣果若釋儒之說豈其聖智過於羲農堯舜耶語誇而旨誕氣揚而志肆即投身如來之門恐如來未

必受也且夫天下有一物而殊名者有同名而異實者此不可不辨也聖人言中言誠言一言明言善名不同而皆指言天性所謂一物而殊名者也聖人言無斯含有釋氏則無而無聖人言虛斯涵實釋氏則虛而虛聖人言寂斯有感釋氏則以寂滅度聖人言覺斯有用釋氏則覺而歸空所謂同名而異實者也今取釋氏語與聖言強而同之又併聖人言有言實言應感言照臨者盡以空寂入之本執中而曰無執本存誠而曰無存恣渺茫之論眩後學之聽使有志於聖人者皆棄繩墨而任

猖狂樂優游而廢棄遵其爲害可勝言哉且夫無思無爲語易體也固有乾惕以盜天行者矣不識不知贊純德也固有緝熙以凝帝則者矣何思何慮戒憧憧也得正則爲悔亡不學不慮驗性善也達之斯爲仁義今取近似語文致傅會必歸宗於釋而後已何其謬也且彼爲此者皆世所謂聰明賢智之士也豈其愚惑至此我知之矣聖王不作教學不明異端乘間蠭起漢用黃老晉熾列莊齊梁隋唐之際釋法接踵入中國泒衍瀰漫天下賢智之士浸淫淪浹於其說匪朝夕之故也世不聞

聖人之學賢智者厭溷塵垢則以淸淨恬曠爲高
世知有聖人之學賢智者厭循塗轍又以守空超
悟爲妙是以鑽研愈深而見解愈奇然非獨今日
也索隱行怪後世有述仲尼時已受此患矣試觀
宋周程講學以至於今其間確守聖脉纖毫不染
禪習者寧有幾人吾不敢目先輩爲異學然不敢
謂非賢智之過尤不敢不詳其說使出世異法得
濱吾聖道之藩均之明道也均之爲仲尼徒也夫
惟虛中君子捐去宿見反求六經非唐虞洙泗之
言勿道非唐虞洙泗之行勿行然後學術統一而

世道賴以維持如其不然必以誠敬爲舊習以空悟爲新知則是唐虞洙泗不足師而更問途於西竺也異日生心害政吾不知底極矣孟子曰梓匠輪輿能與人規矩不能使人巧規矩不必盡巧而巧不離規矩中今第求真體於不睹不聞求真脩於戒慎恐懼則規矩旣具巧當自得之若破規毀矩而別從西竺乞巧西竺即多巧然不爲梓匠輪輿者也

訓詁講解所以明學非所以爲學也畢訓詁而談本心亦訓詁也聖人之學在爲之而已將爲之而欲

以無爲爲之又一訓詁也三皇而後無爲而治者
獨舜一人舜非能一無爲也堯作而舜承故爲之
而不勞也況夫爲學父不能諭之子臣不能得之
君其深造而詣極也惟已其淺嘗而中畫也惟已
其愈進而愈奮也惟已其乍作而乍退也惟已乃
欲以無爲爲之幾何不始於優游終於放蕩也
予自弱冠聞學見先輩有言勿忘勿助者吾直謂學
人亦患忘耳烏有過用力而患助者子路兼人故
聖人退之孟氏自覺英氣太鋭故以助爲戒若未
有兼人之勇而預設爲退未有至剛之氣而預防

其助亦世儒之過也持此語十餘年未變後復思之則異是矣凡言寂覺言無爲皆以聰明聖智爲夙成以不思不勉可徑造者也始吾慮其近忘後乃知其爲助耳孟子曰天下之不助苗長者寡矣則當時亦非止一告子矣

仁也者人之性也不仁非性也知好仁知惡不仁知即性也能好能惡之力亦性也好之而無以尚惡之不使加身則爲誠敬誠敬也者自好惡之精專而名之誠敬即性即仁也謂誠敬爲贅爲强以一物治此物是視誠敬爲外而性爲內也彼豈以虛

圓空洞不着一物爲性其視誠敬爲外也固宜烏
知誠敬非别有物卽虛圓空洞之本體也以誠敬
爲虛圓空洞者聖人所謂性也離誠敬而言虛圓
空洞者釋氏所謂性也此毫釐千里之辯也
大中之謂性大同之謂道愚夫愚婦所共由而天地
鬼神可默契千聖百王所共守而終古竟刼弗能
易斯之謂大同也故耳目口鼻聖人之官與人同
喜怒哀樂聖人之情與人同官動而寧於極情發
而止於正亦愚夫愚婦之心所同然也終古竟刼
之心所同然也今佛者曰官能喪神併其官而盡

絕焉情能猾性併其情而斷滅焉其於人心同乎異乎此戕賊人性以爲教者也乃欲與吾儒比而同之是鶡擬鳳烏偶鶴矣

凡異之初起其端甚微惟好異者殫力攻之則談說日益奇詭倡和日益蔓延而其害始布於天下春秋時以道名家者惟老子其教主於清淨無爲尊信者猶未甚衆聖人預憂之曰攻乎異端斯害也已其後百年有莊列二氏衍其緒適戰國兵爭說無所用漢初稍試之民歌寧一亂極思靜其時使然也迨至魏晉世所稱賢智之士多沉溺其說其

爲害遂不可救王衍臨殺廼嘆曰吾輩雖材不逮古人使不祖尚玄虛戮力政事寧至中原陸沉若此吁嗟悔何及矣

闔戶謂之坤闢戶謂之乾一闔一闢之謂道世未有出而能舍戶未有行而能舍道者也舍道焉則鑽於穴竇緣於荊棘爲凶爲吝有不可言矣故夫盜賊至横惡也猶必以智仁信義成其爲盜藏獲市儈至賤辱也必篤實恭讓而後爲人信任匪敬慢也匪誠僞也士君子治心治身有一息能舍誠敬者乎曰誠敬外鑠者直由之而不知也

人能見戒懼之爲真性乃見性矣人能以戒懼爲真脩乃可語盡性矣若曰既見不睹不聞安用戒懼此獨於佛氏無住一語必以空明爲體者也夫能使空明常存常照能寂能應者非戒懼乎而曰安用戒懼卽佛氏且以爲頑空況聖學乎

今世爲禪學者曰吾直採其神髓而得之彼非禪者弟及知也闢禪者曰吾直窮其巢穴而破之彼爲禪者弟及知也夫釋氏所謂上乘無出於楞嚴圓覺諸經有目者能共覩有心知能共繹也吾既採其神髓矣亦既窮其巢穴矣彼自爲出世一法於

吾儒盡性經世之學終不可同日語也張無盡謂
知佛始能知儒吾謂能眞知儒自能知佛
夫欲知儒之爲儒則求諸仲尼矣六經仲尼所贊定
也學庸語孟翼經者也儒者誦說雖勤然第以訓
詁梯榮進未嘗深躋其截一舍筌蹄而空寂窈冥
之說遂入焉而玆且漸進不速於超悟也矜莊不
恬於寬縱也世法繩束不奇於四大之空虛也宜
其棄常而卽新者衆也然試取六經之精蘊熟玩
而深繹之語性莫精於降衷語心莫妙於中和語
道莫神於太極語德莫微於易簡語功莫嚴於精

一語用莫大於範圍曲成彼所謂虛圓者吾圓神之引緒也彼所謂妙明者吾明德之餘暉也譬諸家有寶櫝夜光之璧照乘之珠千萬備具然未嘗發櫝而一視焉偶見鄰家有琅玕玻璃瑩潔耀目則以爲希世之珍在是不知鄰所有者乃吾家櫝中所不屑也且夫心性者人之心性天所同賦古今所同然也六經總抒心蘊吾心原有眞經以六經之言質諸吾心之眞而準以吾心之眞質諸六經之言而準以六經之言與吾心之眞質諸天地焉而準質諸鬼神焉而準質諸羲皇上聖焉而準

質諸終古未來焉而準是謂一貫是謂仲尼之教若以釋迦氏之言質諸六經之言與吾心之眞祇見其稿而不能生也偏而不能全也幻而不能常也我故曰能眞知儒自能知佛

持明心見性之說於辭章功利之俗則儒卑而釋高抗空明寂覺之旨於居敬窮理之儒則釋虛而儒實故晉宋至唐言佛者不詆佛而儒者亦莫與爭爭之者獨一韓愈氏而已逮宋迄今言佛者或明託於儒爲儒者或陰獵於佛總之欲抗妙悟而抑躬脩夫悟者明也覺也堯欽明舜濬哲伊尹曰予

天民之先覺也自明自覺悟脩兼至吾儒家法如
此中葉教衰反借徑於西竺何與夲家者之迯其
家乃從行道人問廬井耶
聖人與弟子論好學曰不求安飽曰敏事慎言就正
有道而已至稱顏子好學曰不遷怒不貳過此語
下語上之別也聖學本於心而言行爲符聖功嚴
於治心而窒慾懲忿爲實治心至不遷不貳於學
篤矣然陋巷簞瓢焉知安飽克復請事進而未止
若無若虛亦趨亦步其所深造可想也聖人之言
徹上徹下欲知何爲學何爲好當並玩焉

聖人未嘗不空以誠空也未嘗不寂以誠寂也空而明以誠明也　而覺以誠覺也謂誠有物耶一眞自如不得謂之有謂誠無物耶萬理咸備不得謂之無爲禪者曰苐當空諸所有不得實諸所無諸所有者何物諸所無者何物耶聰明睿智彌綸天地之本也五常百行綱紀人物之具也性所本有安得無之嗜慾私意反道背德性所本無豈容有之實諸所本有空諸所本無聖人盡性合天者如是彼滅性歸寂之法不啻贅附而爲一也

原始反終知死生之說精氣遊魂知鬼神之情狀佛

氏見及此矣故曰西方聖也然知生死而廢棄生順殁寧之理知鬼神而不務治人事神之義究歸於無生滅度而止生生之謂易利用出入之謂神彼烏能知之

無所住而生其心爲釋氏第一淡語在釋則可在儒則不可住之義從主從人心有主而後得其正家有主而後得其理國有主而後得其平釋氏外天下國家以爲身又外其身以爲心無邪正見無理亂見無平陂見夫何住之有儒者則欲正而無邪也欲理而無亂也欲平而無陂也其能以無主之

心應萬變而曲當乎且彼謂無住生心不知所生何心仁義禮智空矣天地萬物幻矣所生者何心哉聖人曰無適無莫義之與比至矣於無住一語奚稱焉

自古亂天下者非跳梁之夷虜則揭竿之窮民非跋扈之强臣則竊柄之宵宦氣化密移事幾漸至人主審其幾而豫圖之則可以杜釁銷萌而不至於亂故朝綱宜整肅也吏治宜振飭也封疆宜慎固也然非其本也本在親賢講學而已親賢則心志純一講學則識慮精明故用人行政無不得其理

也矧人主以親賢講學爲天下倡士習人心從此丕變賢才衆而風俗美久安長治寧有窮哉然啟心沃心惟二三大臣是賴此誠意正心之學宜預養於畎畝中矣

春夏秋冬天時之卷舒也皇帝王霸世運之升降也時迭轉如循環今之春猶古之春今之夏猶古之夏柰何霸之後其號皇而道不皇耶其號帝而德非帝耶漢唐宋創業英君王之雜也其中興撥亂霸之雄也　大明開天清寧再造二曜重新王而進於帝矣孰謂貞之不復爲元冬之不復爲春也

六經於天地猶三光五嶽之昭列也邵子言經弗及禮樂者何皇帝王霸世道升降之迹也易詩書春秋皇帝王霸之迹也若天秩天敘古今不易咸英韶濩聲容代變蓋與道德功力相汚隆不得與皇帝王霸而分屬也

太極生兩儀兩儀生四象又著筮揲之以四象四時故邵子觀物皆以四爲數觀於天日月星辰象焉觀於地水火土石形焉觀於物飛走動植生焉觀於人皇帝王霸著焉觀天地人物之始終元會運世紀焉元會運世自歲月日時推之者也因往察

來因近知久其說非渺茫無據唐虞之盛日方嚮中也唐虞而後六七千歲皆盛夏文明之際乎其間治亂不齊譬一日一時之中不能無風雨晦冥也陽生於子而天開至午末一陰生矣日月精華能無漸銷鑠乎陽長於丑而地闢至未二陰長矣山川英粹能無漸匱竭乎三陽交泰於寅而人生至申天地否矣人物蕃育能無漸凋耗乎午之會萬有餘歲未申之會又各萬餘歲氣化寖移猶人漸入衰老雖春夏秋冬代禪不能如前之宣鬯也

皇帝王霸代起不能如前之懿盛也

天無體以三垣二十八舍爲體日月五星皆順天左旋者也天行至健萬古如一惟日行日退一度故謂天爲過一度其實天未嘗過乃日自不及天耳曆家以日月五星爲右旋皆從其不及天度而退推之安得以退推泝而易左旋之體夫天純陽也日亦陽精而不及一度者不敢與天抗也月爲陰精其不及十三度有奇陰不能與陽並也鎮星地類空配天行歷二十八月始退三十度順承天也木一歲而榮枯故名歲星每歲退行三十度而卯酉二歲適當其分應本象也火爲少陽遲速順逆

無定大約二歲而周天以十月復命於太薇垣於天爲執法於日爲奔走之臣金水附日故與日歲一周天是爲日先後之臣日退行三百六十度復與天會爲歲月退行復與日會爲月氣盈朔虛積餘爲閏皆自日行而推之也月與星俱受日光天非日蒼蒼者將爲長夜朝升於震夕入於兌氣禀寒來氣溫暑至萬動由以作息天地由以舒卷故曰帝出乎震天無二日民無二帝

謂理能生氣謂氣以載理皆未究其精者也天高地界萬品流形有倫有則如秩如叙故名之曰理其

在於人靈粹具足四德萬善從心而生無待矯强
故名之曰性心體靈妙胚胎已含氣化氤氳帝實
界之故名之曰命鑄人物者惟天鑄天地者爲誰
一元渾淪理氣完蓄故名之曰太極
性一而已曰德性以別於氣質情識之性也德性曰
尊有敬畏奉持之義焉第云識取本心而理欲幾
微審察未精未可以語性任心自然匪誠匪敬不
可以語尊近儒謂陸子尊德性未嘗不道問學朱
子道問學未嘗不尊德性此操觚之士以綺語爲
人解紛者耳謂陸能知性乎尊性乎吾弗敢知若

朱註非存心無以致知存心者又不可以不致知本末重輕較然明甚安得謂其爲偏於道問學也士君子所以事君事親應世酬物惟誠與敬而已誠之未至猶懼無以動物敬之未至猶懼無以集事學而舍誠是敢於恣僞也舍敬是敢於爲慢也此學果行於世將使皇王弛其競業公卿惰於寅亮憂危儆戒之論不必進於朝繩趨矩步之行不必脩於士幸天下縱心無有欲希慕結繩無爲之理而禍亂且尋至矣學道君子尚其遠慮哉

後儒謂顏子殁而聖人之學亡夫聖學曷嘗亡哉學

問思辯求明善者所謂博文也視聽言動去非禮者所以約禮也聖人善誘顏子竭才無出於此若性命淵微不離文禮神明默成顧自得何如耳況中和位育發於中庸存心養性闡於孟氏謂聖人之學自顏而絕毋廼重誣思孟且併誣聖學乎後儒好立奇論以驚世而不顧理之所安如此類未可盡信也

顏子所以速肖聖人者其資明睿而見道敏故聖人以不愚喜之其力沉毅而任道勤故聖人以不惰與之不愚天所賦也不惰人所勵也在天者不能

强在人者可共督世有不惰如同吾知聖人不難至也

六經爲天注腳學庸論孟爲六經注腳因學庸論孟以明於經因經以明於天脩之身心與天同體措之事業與天同用聖人所以爲聖吾人所以學聖如是而已謂六經爲無奇而麗搜於老釋莊列之書以爲六經所未有夫六經所未有者正聖人以爲不必有也西戎化俗之曲談方外矯世之詖說其不可與羲易典謨分道而馳明矣何儒者樂尊之以自小也

望溟渤於東海而知江河之爲臨也陟嵩高於天中而知岱華之爲偏也學道者尚論千聖非仲尼誰師乎仲尼去今二千載吾不得而見其言性命言仁義言道德言明誠固若面命我耳提我也翼翼奉持毋敢失墜騎驥之馬亦驥矣濂洛關閩諸儒與我共事仲尼者也世有眞豪傑必不肯舍仲尼而北面宋儒況舍程朱從陸楊乎彼以直見心性爲聖脈是也而超曠爲心空覺爲性是釋氏滅度之脈非仲尼戒懼中和之脈也

自戰國以還天下學士習於富貴利達其心浹髓牢

不可解正誼明道確乎以聖學自任而不爲流俗
染者獨董仲舒一人耳蘭陵論兵淡言懿莽蕃利
達爲弃自好者猶不免哉仲舒而後則王通氏乎
崛起五代之際視秦漢間傳誦孔氏者尤難十二
策欲與王道不遂退而教授河汾儼然有洙泗之
思焉韓愈氏不能望也使天假之年其進未有量
矣
古者王畿千里環以侯綏而後要荒象天極也國家
都燕與虜僅隔一山則因勢制變
天子自將臨邊矣其威壯而其勢危惟壯也故能制

虜之命惟危也故能嚴我之防恃其壯而以易臨
之忽其危而以安視之其爲患不在邊陲而在輦
轂故戢戈櫜弓聖世美談然非所施之於今代也
士不足以任戰守馬不足以任馳驅器不足以任
攻擊則將憂之士卒未必不畏敵偏裨未必不畏
士卒將帥未必不畏偏裨則督帥憂之中與外未
必同心文與武未必同仇食與兵未必同足則大
司馬司農憂之紀綱未必能肅衆志未必能
協時空賞罰未必能服人心則廟堂憂之亟憂之
則亟籌之籌之而中則方內敉寧不中則九廟震

驚機會斯須安可失也然必
天子清心寡慾親賢納諫然後將相得人而勝算決
於帷幄今司馬署稱樞筦焉綸扉稱台衡焉乃所
以爲樞衡者在人主一心矣
比閭族黨鄙伍兩軍師周制實然至春秋諸侯大夫
各以意爲政制漸弛廢矣作內政寄軍令非管子
創爲之蓋因周制脩整焉耳夫無更制動衆之形
而能寓險於順建尊攘一匡衰世此管子所以爲
天下才也今之九塞乃古燕趙韓秦之地其民慷
慨勇悍易與爲義得一管子經營其間何憂兵何

憂食何畏乎天驕乃所畏者議論繁而職任數更
耳議論繁則謀撓於築舍職數更則功隳於代斲
雖有管子無能爲矣
造化之理一靜一動一寂一感動則必通感則必應
匪獨蓍龜能占吉凶也凡象可以得占凡聲可以
得占凡數可以得占觸類而長其爲術不可勝窮
皆易之餘緒也陳希夷遂學精思明易理復深易
數世運之興衰理亂一身之行藏顯晦既預知之
遂終身脩煉華山數如是順之而已邵康節之學
淵源於陳乃推衍之爲皇極經世一書天地萬物

始終備矣朱子謂其當熙豐之際優游洛下不干毀譽者二十年可謂甚高不知其順數安命與希夷同也若聖人則異是言理而不言數知易而能用易世雖大無道猶栖栖不舍爲天地留碩果之心爲生人存冠屨之義遇與不遇直付之命我無繫念焉矣

天時有旱澇聖人爲隄防以救之地勢有險夷聖人爲舟車以達之人性有淑慝聖人爲政教以齊之人與天地參者也極其才得三之一焉謂命之通塞不可以德移也數之吉凶不可以力反也天不

必生神物以前民用聖人不必作易以濟民行矣
生理本直質直者自得其本心也好義者何義即質
直中自然之宜常變無定銜經權無定迹非精察
而深研之或至任心自用得無有證父爲直從井
爲仁兵諫爲忠避兄爲廉抱橋爲信乎故精義則
可以盡變致用徙義則可以安身崇德君子學以
聚之問以辯之思以通之無非求明乎義達時中
以成變化也義在內而不在外未能方外難語直
內義在心而不在事未能制事何以慊心
今徐邳上下之河非河也戰國曲防九河漸湮至宋

全河南徙遂奪泗而爲河也古之治河去其害今之治河資其利懼其汎濫不得不爲隄以束之然呂梁徐州閘本故歸壑石露如齒予猶及見之四十年來浮沙日積石漸没而河益高束水刷沙之說既無驗矣今不能舍隄而別爲疏曷不就隄而疏其中乎德州之西有鯀隄禹則有疏而無隄師鯀而不師禹吾未見其智也若所以爲疏之法在精思博訪設誠而力行之矣

人臣欲建樹於世不當喜一時之功當爲國家計久遠頃歲泇河之役事半功倍謀國忠矣若昔年膠

萊河之議欲罷者以爲浮沙難去欲行者以爲萬世之利夫浮沙之説十人藉口避煩擾耳河未嘗不可開也第白黑二水無當於泰山諸泉豯養澤一勺之助無當於南旺諸湖龍王廟上下稍旱則憂涸恐此中涸更甚耳且海漕欲濟河漕之窮而河漕未必窮決易塞也壅易疏也欲兩行之而舟楫人徒必兩具費固不支矧無事海險而河順即中原有事海濱豈少嘯澤之奸哉天下事有可安常襲故者不斷於爲異若徒以開濟爲功糜金錢數十萬而無益得失之數罷之是也嘉靖間有議

復東勝者東勝國未易復即竭天下之力復之而不易守持國論者可深思矣

唐虞與賢官天下也夏殷周與子豈以天下私其家哉世及爲常神器豫定示天下無敢覬覦聖人待衰世之情不得已也夏德初昏羿浞旋起如必以禪受爲盛節莽操懿裕將比肩紛出生人之禍亂曷有已乎故設籓建屏以爲衛非自衛也城廓臺隍以爲固非自固也立綱陳紀以求治非自治也欲世世胥匡胥保海宇無侵陵戰鬭之患也善乎王通氏之言曰安家者所以寧天下存我者所以

厚蒼生可謂見聖人之心矣

古者度地居民因民授産世無不農之人無不田之家其爲士爲工商皆農人兼之天下無貧人無莩財可謂至治矣然竊意其後之難也授田同而勤者刈豐惰者歛薄身兼工商而巧者趨時拙者坐困行之二十年稱貸鬻産勢所必至况戶口蕃耗日殊耗則官收其田蕃則索田於官上下能無擾乎大都三代之際國小而政簡民寡而易治田常有餘於民故可以隨取隨給試使後世英君卓然欲復古制地與民安得相參稷民就田則難於去

故鄉損多益寡則難於奪固有縱能操切行之焉
能保其不相貸鬻又能必數世之後戶口蕃盛之
區可人人予田哉故冠不必古皮弁也食不必古
籩豆也定名田之限俾富者無得兼併立新徙之
法俾貧者願往樂郊嚴遊惰之禁俾耕者盡力南
畝制貴賤之等俾用者不踰品節於是乎賦什一
而征徭省於是乎恤水旱而蠲賑時於是乎通商
糴而有無濟於是乎脩教化而仁讓興三代之治
其庶矣乎法久而敝敝而復振則在其人矣
忠孝無二道家之孝子國之忠臣也祥覽於孝悌可

謂絶倫矣乃委蛇篡弑之朝曾弗能致身抗節又弗能見幾遠引所謂移忠移敬者安在蓋世敎下衰士習競於功利乘時徼富貴者其本心即或矜厲名義亦藉爲富貴媒耳其有天植忠孝身負綱常如張睢陽之於唐岳忠武文文忠之於宋曠千載僅見者也是故智仁勇美德也忠孝廉節懿行也所以行之者一

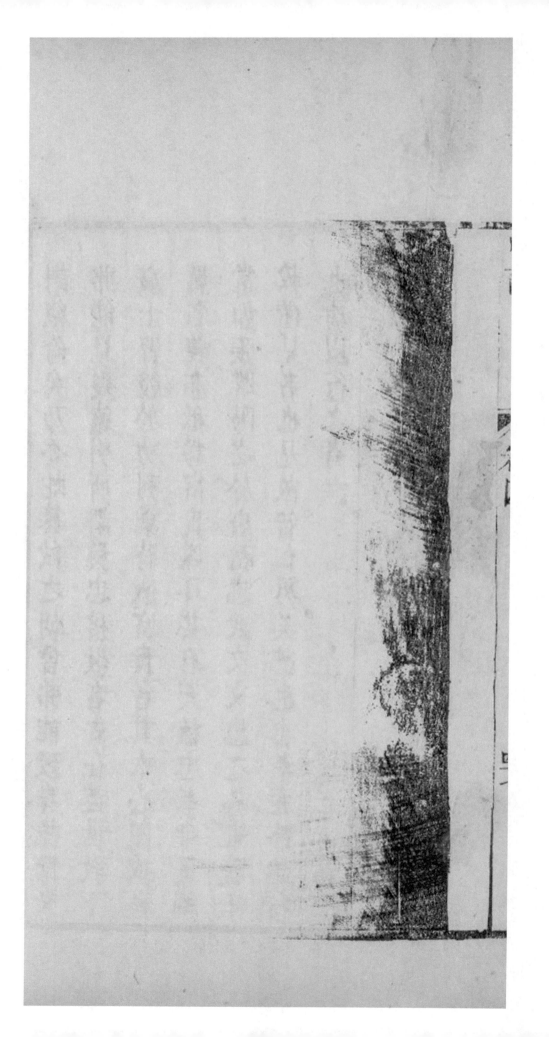

汪子中詮卷五 萬曆甲寅乙卯集

記禮者載孝德孝行詳見於諸篇矣乃夫子與曾子言孝別立爲經而不入記豈夫子嘗以孝經自名不敢他屬耶抑漢世以孝弟孝廉取士儒者特鄭重之耶然大學中庸具備天德王道嚮固混列記中至程子始表章焉乃孝經迄今獨爲逸編經生不以居業科目不以試士謂之何哉誠取而附入禮記使天經地義至德要道下徹於膠庠上徹於宸宁所關世教非小補也好古君子必有能言之者

觀一草一木則知人物之榮悴觀一晝一夜則知宇宙之終始聖人盡己性盡人物之性與天地同其藏顯而不以己私參焉者也

萬物皆備於我匪獨聖人能備之五倫百行人綱人紀雖庸衆人未有能外物而爲我者也反身而誠實完皆備之理則爲聖强恕而行求盡皆備之理則爲賢常知反知强精研於倫行者謂之著察不知反知强貿貿於倫行者謂之不著察

心之官則思思曰睿睿作聖故稱大也子靜以先立其大爲法門乃動稱不思而得不慮而知則所謂

立大者亦徒執提綱撮要之語以高視誦讀躬行者乎後學欲真作聖若何立大若何通徹烏可不深思而精詣也

立千古志豎千古品格毋以真豪傑枉過開千古眼覽千古人物毋爲假英雄瞞過改千古學術求千古正印毋爲淫遁詞混過承千古道脉詣千古治平毋以聖賢事讓過

史稱羲黃至三代或以木德王或以火德王此衰周以後運氣讖緯之說非知道之言也五行在天曰木火金水土五德在人曰仁義禮智信天不能獨

任一行以生萬物聖人不能獨任一德以治天下覆載無私俾宇宙共歸涵育仁也高下洪纖區别之各得其序禮也刑止辟武止戈神武不殺而天下服義也濬哲內斂而謀慮洞照萬形智也中心懇惻純一政如四時令如金石信也五行一行也五德一德也參和而不偏時出而不窮故能治配天地紹唐虞之正統綏太平於萬代也

玄德升聞帝女釐降虞書與孟子合確乎可信矣潙汭去平陽非遠安知不先尚見而後來嬪乎歷山于田舜未嘗一日離父母側釐降有命朝野共聞

豈朝夕承顏能無一言稟令乎連姻帝室恒情所喜預料親之不喜而不以告非孝也婦帝女而子帝甥於父母尊矣牛羊倉廩養備矣尚欲殺焉非情也完廩浚井臣庶可代役也焚且掩何詭秘而臣庶不及知也二嫂治棲象獨非唐民也此皆齊東野語之類若後世稗官小說出於戲談雜紀不可盡信也

人心常檢攝則乖戾自融一縱肆則荊棘滿目惟敬則和惟敬則順敬之至和之至也不得親不可爲人不順親不可爲子蓋從眞性懇切處兢兢翼翼

無一息敢怠無所不敬則無所不和推之事天事君治民治事皆是物也故天地動焉神明格焉萬化熙焉萬類阜焉九韶儀鳳兩階格苗豈直笙鏞琴瑟干戚羽旄之盡善美哉是謂太和保合與天同體

君子有終身之憂憂在心性也樂以忘憂樂在心性憂者境遇也惟常有心性之憂故常得心性之樂此憂一釋則仁禮有續斷愛敬有勤弛一遇橫逆且得以動吾忿疾而撓其天和奚樂之有焉

人有可怒而以疾言遽色相加理有當辯而以浮氣

嚴辭相詆皆涵養未密故也旋覺之巳自心愧其
能使人心服者鮮矣
儼若思者有德之容也安定辭者有德之言也容不
莊辭不愼皆此心不敬爲之謂謔浪嘯傲無礙性
體可乎脩身者脩其精神志意無妄念之萌也脩
其貌言視聽無邪僻之干也此身純然天理與天
地相似宇宙民物巳在吾甄陶矣範圍曲成巳握
於方寸矣故曰一日克巳復禮天下歸仁
大道無方有方道之局也至德不器可器非德之弘
也達巷黨人大孔子而惜其無所成名惟大故無

執也故無名也有執有名其細甚矣故曰執御乎執射乎吾執御矣射御雖可成名止於藝耳凡有所執以成名皆射御類耳聖人詞婉而旨微使知有執之非大也有名之不可語大也

聖道不行於中國則已矣欲居九夷豈聖人亦有憤世之思耶夷方風氣未開太樸猶存得聖人者爲之君師啓其顓蒙牖其真性德禮之化可與起也視中國淫侈相靡詭詐相傾嚚凌逼奪不可復救者何如故曰君子居之何陋之有其陋也正其易與化誨也

聖人君天下以政導德齊禮而已師天下以教脩德由禮而已德者禮之本眞禮者德之儀則脩德而不繩於禮玄寂之守也由禮而不本於德繁縟之飾也叔季教衰言德者歸於玄寂而禮則視爲迂濶不急是以任情安肆風俗日益頹壞今夫雞鳴盥櫛問衣視膳內則非難循也負劍辟咡正容聽恭少儀非難習也而士紳之家鮮有能行者齊民無所觀法故諺語反唇鬩墻攘戈靡所不至試使士紳明禮以教於家鄉之人未必無感化者自家而鄉自鄉而邑安見移風易俗之無機也

近世士大夫有膽智沉雄克戡禍亂天下服其材者獨以投足權門揮金如糞功高而身不保有節操清嚴一介不取天下信其品者乃以戀情鼎鉉先意逢君身退而名亦辱有鯁直素著屏翰績隆天下信其品且服其材者獨以豪邁自負細行不矜譽方盛而毀已隨其後凡若此者皆不學無術之過也借令從事於學稍知畏天畏聖不敢任氣質而行私臆其材節豈不蔚焉與先正比烈哉然沉雄者豪邁者獨氣質為病瑕瑜猶不相掩若陽以廉潔取世名陰以脂韋要主眷作僞心勞秖見羞

於有道矣
敬親者不敢慢於人故無不敬也愛親者不敢暴於人故無不愛也天子致孝則愛敬加於四海卿大夫致孝則愛敬行於民物士庶人致孝則愛敬洽於鄉黨故聖門立教以孝弟爲先儒者守先王之道以待後學亦惟曰入孝出弟此躬脩實際百行根本自天子至庶人共之本之不務而高談名理以誇玄妙吾不知其可也
孝子不登高不臨深乘權據要挾不賞之功以危其身可謂孝乎孝子不苟訾不苟笑恃材矜辯好議

議人長短以近於死可謂孝乎若乃事君不忠非孝戰陣無勇非孝則有時致命遂志不失爲全歸非偷生保妻子之臣所得藉口也

兄弟之親同氣共體者也有人於此割左臂以益右臂獨左臂痛乎左足榮暢而右足攣痺獨右足弗安乎故休戚必共怨怒不藏亦天性之無所解非待夫矯强也世有聽讒間於妻子競肥瘠於尺寸相尤相賊以傷厥考心其爲不仁不孝甚矣

人有同產兄弟而貧富貴賤異者自父視之皆子也未嘗不欲其貧富貴賤之適均也有從兄弟而貧

富貴賤迥異者自高曾祖視之皆孫也亦未嘗不欲其貧富貴賤之適均也顧人生材質不齊分命有限即高曾祖父而在烏能舉貧富貴賤而盡均之惟士君子常體祖父之欲因其材分而培植焉毋俾失所斯之謂孝若有饑寒困頓莫之矜恤即歲時謁祀家廟無以見祖考於如在矣

有天地則有夫婦家之正必本於夫婦深哉二南之爲風始也貞靜以事君子勤儉以脩蠶績齊敬以奉蘋蘩慈惠以逮媵妾婦德備矣婦德備而後家道正天下之家正而天下治矣

執虛如執盈入虛如有人不敢以怠心乘於項刻慎之至也將上堂聲必揚將入戶視必下不敢以私心窺人隱密厚之至也

順陰陽之理合二姓之好爲繼嗣也匪以縱慾而宣淫也故情摯貴其有别和勝必節以禮夫婦之道也女子雖無非無儀然關雎鵲巢諸詩孝經內則女誡諸書當預令熟誦以養其性情定其志意若羅綺華麗之服金玉奇衺之飾皆誨淫具也宜屏去務從淡素使常閑於禮度習於中饋織紝無致縱逸非獨君子藉其交警以脩德業即生子亦聰

明壽考此教家之切務也

孔氏三世出妻而不表其所以豈非去婦令其可嫁乎夫以聖人與居不能化而爲善竟至於出乃知陰躁難馴氣質難變聖人亦無如之何矣後世禮敎不明士大夫或溺情於燕婉或畏譏於薄行縱遇驕妬而甘心含忍以致乏嗣者有焉丈夫以智率人之謂何乃無斷至此也

夫已發而後禁不若豫禁於未發也年長而後習不若少習之易成也幼子常示毋誑他日脩辭立誠即基於此不裘不帛他日素絲美節即基於此故

曰蒙以養正聖功也

古之學者必有師道明德脩然後出爲世用其敷奏於明廷者即素習於師友者其博濟於民物者即預養於身心者是以賢俊並用而天下治後世習句讀習文藝則以師稱是爲詞章師也舉於試舉於官則以師稱是爲利達師也有詞章之師無道德之師有利達之師無脩檢之師士品日卑世風日壞職此之繇矣

平世之民佚樂樂則淫侈淫侈則淩奪生故天下遂亂亂世之民憂思思則勤儉勤儉則無越志故天

下復平貞元之往復春生秋肅之相尋天道固如是也惟聖人能先天弗違後天奉時當其平預治之使勿亂當其亂亟挽之使平是之謂贊化育君子將有爲於世而意不可一世其不能有爲可知也萬古此乾坤萬古此心性上何敢慢其君不足與爲堯舜中何敢薄其士大夫不足與爲皐夔下何敢鄙其民不足與致時雍言之不信道之不行吾忠誠有未至也教化之難與吾身範未能先也以其不可一世者反而求可於身誠其身而天下歸矣

處父子之常孝非難也遇頑嚚而以怨慕致底豫其爲孝難矣處兄弟之常友愛非難也傲如象逆如管蔡而以經權酌情法其爲友愛難矣處君臣之常盡忠非難也愎諫亡國如桀紂而以不二心栽去就生死其爲忠難矣惟難乃見聖人之心惟處人所不能處乃見聖人之才後世君子不幸遭人倫之變宜動心忍性於斯精義熟仁於斯愼毋以玉成爲怨懟而遂頑美於前脩也

父母在不許友以死非聖人之言也友以道義合過失相規貨財相通患難相恤則有之若以死相許

乃戰國節俠所為聖門寧有此教乎詩稱兄弟急難每有良朋況也永歎而已聶政曰政有母在政身未敢許人迨母亡遂為友報仇以死此亂世姦人之雄君子所不道也

吾鄉有方布衣者嘗講學躬脩孝友與其弟割產而居弟無賴產盡復割其半與之又盡乃收與同居身率二子及弟力耕餬口而不救於饑寒鄉論譏之君子曰甚哉鄭莊之不仁也厚畀其弟而遺之毒若方生可謂仁矣然而未智弟初無賴不能禁產既盡即宜亟收與同耕變猶可免後日饑寒之

患也再割再盡無乃傷於愛而疎於計乎觀過知
仁於方生見之
爲父者欲其子爲賢聖則陶鑄必有術矣爲子者親
見父爲賢聖則箕裘必有志矣義方式穀愛必能
勞夏楚加禽詩禮問鯉烏在其不親教也數教在
寬何遽至於怒教我以正夫子未出於正此中人
所不忍道安取下愚狠傲之語而稱之故施之當
其可進之顧其安屏玩好誘以詩書去邪昵磨以
良朋優而游焉漸漬以入中人皆可化爲賢即下
愚可變爲中人也若責善而至於離非寘頑不靈

則諭教弗蚤才棄不才與不才自棄厥咎惟均矣

人與人相接君子不能離世而爲身也聲與聲相感不能無言而涉世也性與性相符不能舍道而爲言也在鄉則恂恂呐呐在朝則誾誾侃侃羣居有德業之商求臨民有倫法之訓誥對妻孥無狎談御僕隸無妄語如是則山林朝市無非講學之地衿紳負販無非講學之人矣或者以講學爲諱終日言不離乎是安能諱也即欲以講學爲名終日行不離乎是安用名也

鞭朴不可廢於家刑罰不可廢於國故嚴父無敗子

察主無惰臣世祿之家鮮由禮其閑維弛也數赦之國多橫民其禁罔疎也夫弼教止辟雖聖人不能去刑第不爲申商之刻覈耳誅亂禦暴聖人未嘗諱兵第不爲吳白之慘詐耳若浮慕刑措高譚偃武而使豪斷之民奸墨之吏負固呼澤之雄得肆志而妄行也亂何日之有

脩身而曰格物合萬物爲一身也物格而後身脩通一身於萬物也戒生定定生慧與定靜安慮亦相似第吾以眞明照萬物以盡物完眞明也彼以空明照無物以絕物歸無明也

爲一鄉善士則宜與一鄉之人共爲善矣爲一國善士則宜與一國之人共爲善矣鄉國之人未必皆善非皆可誘掖也未必無不善非可以督責驅也欲與爲善何術乎曰取人爲善而已取人爲善者揚善而隱惡者也揚之彼且內奮有甚於華衮焉隱之彼且內慚有甚於斧鉞焉吾以取而成吾善人因取而觸其善無與之形有與之機無與之迹有與之神將日遷善而不自知此至誠動變之妙用豈聲音笑貌所能致也

凡見人不善哀其愚憫其陷溺惻然欲救之者仁人

之心也寬柔而善導紓徐以俟其化君子之教也若見不善而生忿疾語之不改而遂加擯絕倘其人無地自容甘心以趨莫大之惡君子亦與有責矣易曰曲成萬物而不遺夫委曲以成萬物無一或遺也乃可以語範圍天地之化

國有權臣則危國無重臣則危欲其重而不予之權則不能爲重靳其權而欲予以重勢所重則權所歸且夫權衡樞機同義而異名者也可稱曰衡宰則亦可稱權宰矣可任以樞機則亦可任以權矣作福作威固獨出於天子惟幄贊襄安可不謂之

權乃人主必吝權之名天下士大夫公議共惜權之名致虛庸充位者亦欲避權之名居其實不居其名固難掩天下耳目避其名并避其實人主烏能以神智獨運天下彼煬竈者借叢者乘間竊之太阿旁落而禍亂至矣夫有重臣則懼爲權臣無權臣又懼無重臣無重臣勢必別生亂臣然則何如而可曰重臣不能無權也秉忠竭誠公好惡於天下以奉一人威福則予之以權亦可上不必吝其名下不必避其名也所惡夫權臣者謂權奸權倿之怙權播惡不爲重臣而爲亂臣也

誠無爲幾善惡說者以誠爲太極幾善惡爲分陰陽似然而不必然也陰可以對陽言惡不可以對善言凡言善惡邪正君子小人而分屬陰陽云者皆自人爲旣成之後象其類也若太極初分陰陽猶然至善而已一陰一陽之謂道陽爲元亨陰爲利貞仁禮爲陽義智爲陰烏有所謂惡哉惡出於陰陽之偏倚駁雜非陰陽之本體陽之偏駁亦爲惡非獨陰爲惡也故陽卦陽爻不必皆吉陰卦陰爻不必皆凶陽剛過中則剛愎之小人也陰柔得中則柔嘉之君子也然則幾分善惡者何太極流行

本無不善私欲汩之而後惡惡未嘗與善並分譬
諸山下出泉本無不清沙泥雜之而後濁濁未嘗
與清並出也

天地之氣翕而必闢闢而必翕翕之極則霜冰凝結
而爲冬闢之極則雷雨滿盈而爲夏鼓萬物者莫
疾乎雷與日暄雨潤同一發育謂雷霆爲天之怒
氣非也其有觸物而折觸人而斃亦適遭奮迅之
氣非天有心殺之夏中暑冬中寒死者不可勝數
豈寒暑亦怒而殺人也然則所殺多不善者何福
善禍淫氣機自召死於雷霆與死於水火兵刃一

也其有火車石斧者何雷自地奮陽氣迸激則爲火土石裂散形或類斧好事者遂以爲眞斧也日爲陽精月爲陰精月行常在日下陰不能並陽也日行黃道月行八道而斜出入於黃道內外每歲合朔交道者再月在下而掩日法當再食然有食有不食者或行度小有先後參差不正相值又王者用賢脩政精明之氣上徹太淸則陽盛陰不敢逼遂不致正値雖當食不食也春秋二百四十二年日食三十六唐二百九十年日食百餘蓋唐世女后鳴晨奄宦嚙憲奸相擅權强藩跋扈陰盛陽

微所自來矣故詩曰彼月而食則惟其常此日而食如何不臧

三陽既泰雷乃發聲龍蛇起蟄夏秋之交亢旱龍嘘氣爲雲雷電旋遶雨不過數十里雷與龍耶龍與雷耶造化之氣鬱渤震盪以生長萬物則各從其類也

世傳月臨卯酉則潮漲乎東西月臨子午則潮漲乎南北不知其何所據以理度之水之流行於天地猶血脉周流於人身也升降上下不失其信蓋陰陽之氣消息進退實爲之當日月合朔以陰從陽

陽氣倍長潮之盛陽氣升也日月相望陰與陽抗陰氣倍長潮之盛陰氣升也海以東南爲尾閭氣必自尾閭而上浙潮在朔望楊州潮在初三十八氣以漸至也卯爲四陽之月朔潮更盛酉爲四陰之月望潮更盛楊州二八月亦如之其爲二氣之消息進退斷可識矣非獨海潮凡江河溪澗之水其氣皆隨潮逆上但其形不可見耳是謂天地呼吸是謂山澤通氣猶人身氣血自泥丸至湧泉升降流轉無停機也

曆家推日食謂每歲日月交度者再常在奎婁角亢

問則日食必在三九月也詩稱十月之交朔日辛卯周時十月朔日在角亢是矣然自春秋迄於近歲日食以數百計曷嘗必在三九月哉嘗竊思之交度近而食者陰近陽而掩之應多在近交度遠而食者陰自遠逼陽而掩之應多在遠而災更大總之妾婦乘夫奸臣制主夷虜犯華皆其兆也至以所食之宿測事端分郡國禍應蓋亦有合者焉若適逢陰雨遂稱當食不食乃佞臣諱變之說恐變終不可諱也

堯時冬至日在虛昏中星昴至南宋冬至在斗昏中

星壁今冬至日在箕昏中星室後世歲差之法乃氣運盈縮不得不然非可以私智設也近歲呂中石氏與門人論曆謂歲功一定不移焉得有差但古人步戌推歲後世於步戌法有先後差耳夫自堯至今僅四千年而日躔已移五十餘度藉步戌稍差安得相懸若此况後來益復懸絕若必泥躔虛爲定將驚蟄可爲長至霜降可爲處暑謬誤甚矣予年友范介儒謂天開於子其時冬至日躔卯月躔酉若歲差漸復於卯則天運一周而氣盡矣予謂六十年而差一度計一千八百年當移一宮

今冬至躔箕去卯幾何天運安得遽盡且通計十二宮不過壹萬二千六百年天地終始不如是其促也若自卯行十二宮循環十二周如一歲十二月之數則當得二十五萬九千二百年然視邵子元會運世數又倍之矣竊謂歲盈日縮不能無差猶氣盈朔虛不能無閏此不足以論天地終始邵子觀物宇宙在手言理數者弗能易也

洛爲天地之中揆日影可知已日一晝一夜而周天天雖高其下至於地不過數萬里地雖厚下至沉淵亦不過數萬里東西南北亦復如是洛居其中

如輪之有轂如磑之有樞也西方于闐諸國宋唐二僧已徧歷之北方荒漠以外元世祖遣人往窮其蹟越狗國則不能復行天形如倚蓋北極爲中自吳越望之稍近北自滇粵望之更北自燕京仰視去天中不遠若至大漠仰視則正中且南移矣然則天地之廣狹固可知也西北多山西北之際雖有海當不甚廣東南多水東南之際其海不可涯涘今海外諸國爲中國所知者有數外有不及知者亦島嶼魚鱉之儔也西北諸國爲中國所知者有數外有不及知者亦山阿魑魅之屬也若謂

崑崙爲地中分布四州中國爲南贍部州居四之

一則荒唐不可信矣

天以蒼蒼爲正色有色斯有質矣謂天爲坱然積氣

蒼蒼者何物坱然者孰攝束耶人與禽獸草木皆

物也天地亦一巨物也人物之生未有氣不中實

而能存其形者亦未有膚革不外固而能完蓄其

氣者天地何以異此吾意蒼蒼者必有陽氣凝結

如碧周環六合者耶天載水水載地二氣升降充

滿於其間耶日月星辰東升西没歷浴於地中之

水耶江河四海氣上騰爲雲雨雲雨復降爲江海

耶是知天地亦有軀殼惟有軀殼故不能無成毀若夫天地之外別有積氣以載此軀殼則非所敢知矣釋氏乃謂此世界外別有世界三千餘區非神遊形氣之外孰能知之鄒子曰或有告我此天地萬物外復有天地萬物則吾不能知莊子亦曰六合之外聖人存而不論

四遊升降之說至淺陋無理不知何以有述於世果若所云則日月經行終歲不易惟地以四時遊移無定故晝夜有長短也然南陸北陸異行燦然可睹燕京及吳越瞻望北極亘古如一地未嘗或進

而北或却而南確然可知矣
自古舍玄守一垂衣裳而治莫盛於羲黄老莊學羲黄而竊其膚理也漢主脩玄默者宗之秉欽恭持兢業亮天工以寧萬邦莫盛於堯舜申商學堯舜而得其塵垢也漢主核名實者近之夫羲黄非樂於無爲也大樸未散治教易行故能恬於心而簡於政至堯舜則九功欲敘百制欲備卽欲襲迹羲黄勢不能矣然四岳咨賢九德分職執體要而徐視成豈必操切督責至流於慘覈哉不競不絿不剛不柔以執中有心法精一有心學也

國之有紀綱猶人之有神氣也神氣精强雖有風寒暑濕之疾不能爲害神氣旣喪無病而死者多矣夫所謂紀綱者上有以繩約乎下下有以歸攝於上靈爽威命流貫於宮闈朝宁而震疊於薄海遐陬無一人敢奸其成法無一事能逃其洞照是謂國之神氣若夫寵愛溺而貴賤得以相凌宵邪入而奄寺得以竊弄清議淆而忠佞得以並競憲度弛而廉墨得以兼容欺蔽行而功罪得以相奪國政日非民生日困其不至於覆亡者幸也然其本係乎君德矣未有主德淸明而紀綱不振者也未

有主心荒怠而紀綱不亂者也

自古小人爲國家致禍亂者非其心欲敗人之國也其初未必不欲保治安享榮名也位高益思固寵權重而欲據爲常於是乎阿意宸旒媚交宮寺讒言者斥比周者庸遂至上下相蒙以釀成不可救之禍嗟乎爲善爲利始分於一念而斯高之與周名懸絶宵壤奈何不清夜思也

一介之士無良朋端友以長善救失猶未免日趨卑下人主深居法宮不與鴻儒莊士接而狎昵婦寺以恣其宴安佚樂之性欲主德清明庸可幾乎夫

婦寺者非必能如宣姜脫珥勃鞮議守有裨益於
人主大都阿旨取憐自固其寵利而已上意所嚮
則當先而預逢之多方而曲致之伺隙竊靈乘權
罔利雖斂中外之怨而不顧明蹈亡國之覆轍而
不恤黨類旣成人主拱手受制危言激論無所效
其忠雖有經綸棟榦之畧無所施其能漢唐宋末
造可永鑒矣

夫婦寺之患非獨人主有之宰衡之門亦有婦寺焉
嘗觀叔世權臣秉國其奴顏而奉頤指投袂而甘
鷹犬者其人可屈指數皆鬚眉而婦不薰腐而寺

者也權臣自營私利不顧國家之患附權臣者又自營私利而不慮權臣之禍究歸於身名俱敗奴主兩傷亦足爲嗜利無恥者戒矣

天下有清議有橫議清議明則治橫議興則亂然橫議者亦自以爲清議是非混淆孰從而折衷之觀其行其人可知也觀其人其言可知也端莊醇恪與回邪險躁者異寬平洞達與刻覈陰賊者異介石守闕與攀藤鑽穴者異其心可藏其言不可掩其言可僞其行不可掩世有狡側小人而竊託於清議之流者不以人廢不以言舉可也

夫玄黃之戰易明朱紫之爭難辯所是未必眞是所非未必眞非是中未必無非非中未必無是蓋朱者未必純乎朱也紫者不自以爲紫也夫純乎朱猶恐紫奪之矧不純乎朱而欲紫之無亂觀者之無眩不亦難乎士君子不幸遭逢薄世當益虛心平氣盡滌其渣滓求爲純朱而可矣紫之能亂與否以俟司國是者夫國是胡從定哉秉公明之鑒樹皇極之軌忠邪既著則明示章癉賢愚不甚相遠則兼容而董正之俾各化偏陂以歸蕩平紀綱肅朝廷尊而臣下猶比黨相譁者未之有也

天下無道則言有枝葉凡枝葉之盛皆起於皇極不
明人爭好異而意見橫生也此之說出於此彼之
說必出於彼治極堯舜矣則稱遂古之無爲以高
之學宗周孔矣則搜西竺之空寂以抗之世尚聖
智而欲蘧蘆仁義世尚忠孝而欲芻狗倫物一事
而操縱闔闢異宜也一人而忠佞貪廉異議也盈
庭衆喙一國三公其誰適從哉故夫亂天下者豈
必決性命饕富貴之人卽好異好勝已亂天下矣
易言太極天德也書言皇極君德也君與天同德故
能配天出治唐虞首開心法唯一中中卽極也天

命之性也曰明明德惟精以明此性也曰致中惟一以養此性也本諸心體諸威儀言動措諸事業無非眞性之流形是謂皇建其有極以身帥天下而百官象焉萬民效焉無有淫朋比德無有匪彝是謂錫極歸極故帝王所以爲學所以治天下總歸於知性盡性而已

天命有德我章之天討有罪我用之天敘有典我敦之天秩有禮我庸之吾何以知天之命討天之秩敘哉知以吾性而已性中有自然好惡天命討也性中有自然愛敬天秩敘也好惡愛敬有自然中

正天降衷也本性中之眞明廓以四聰四目是謂
惟精本性中之眞誠守以欽恭兢業是謂惟一會
萬善歸於一中執一中以運萬化若昊天平水土
修六府治三事皆盡性之實功也是謂中和位育
性本自中性本自明惟虛圓不着一物則謂之中中
故明也惟虛明能照萬物則謂之明明故中也性
之德也天所以爲命人所以爲生也本中者能存
養焉則曰致中本明者能廓達焉則曰明明皆知
性盡性之宗旨無二學也先格致而後誠正爲中
人以下語然知止定靜其幾微矣舍格致獨言戒

懼爲中人以上語然好問擇中其功豫矣後世儒者以德性問學分門角勝是聖學矛盾自學庸始也吾弗知之矣

性無不善發而爲四端皆善也若惻隱之過或流於姑息溺愛羞惡之過或至於傷恩賊義辭讓之過或至於苦節拂經是非之過或至於嫉邪憤世則氣習偏駁使然非天性之本體與中節之妙用也程子云惡亦不可不謂之性又云善惡皆是天理此泥於陽善陰惡之見謂有陽不能無陰有善不能無惡乎獨謂陰陽不可分善惡陰陽之中各有

善惡善者其本體而惡者其氣習也況盜賊篡弑惡有不可言者亦可謂之性乎謂之天理乎或疑程語未當而朱子爲之曲解予弗敢信

夫湍水食色詳辯於孟氏性已明於天下矣後儒復持議不一則釋氏中揚其焰而好異者受其熒惑也善惡皆是天理即有善有不善之說苐於四端驗之其端善則性善矣無善無惡性之體即無善無不善之說苐以良知折之知良則性本善矣夫性天之命也人之心也市井之販夫販婦山澤之耕傭牧豎偶以利害相訾詬必曰汝捫本心必曰

汝欺自心則性之本自善也甫井山澤之人而知之奚必降衷秉彝取信於詩書哉故學之言良知是也以無善無惡言性非也

程子云日月皆無體氣所至則自有光此亦泥於輕清積氣之說謂輕清中不可着形質也予謂凡屬氣者必飛揚隱現無定如風雲雷電之類日秉陽精月含陰精非有凝固體魄安能周天常運不失尺寸哉漢儒守師說宋儒亦重師說凡周程所已道者弗敢輕議然得失固不容掩也

不睹不聞性之涵蓄曰微曰隱性之端倪端倪一動

而天地鬼神之秘洩焉彌綸參贊之機露焉故曰莫見莫顯一不慎而纖毫偏倚得以乘之則喪性汨而道離矣故戒懼本無寂無感無顯無獨而於獨尤加謹也夫脩道君子豈必有人欲之萌第一念初起稍涉意必將逆則謂之私即不可以語中和故中庸慎獨視大學慎獨旨更深矣

大學言心不言性誠意正心凡下學可與聞也中庸言性不言心盡性至命非上達不能知也然格致之融徹即明誠誠正之精邃即篤恭至善即中和也治平即位育也淺深生熟異而歸宿同也

夫聖至堯舜極矣爲父不能使子之不朱均爲君不能使臣之無共鯀況爲臣子能必得於君父乎故九經陳謨莫救於魯哀俎豆啓端無裨於衛靈然則大人格心秖虛語耳顧天冠地履之義不容逃也木火蒼黎之衆不忍棄也仁義易世之術不敢私也況哲后偶一遭逢中主猶能納約啓心沃心烏敢一日忘哉然必積誠而默感之迎機而善導之毋徒以亟諫來讒怒以伉直博名高可也

大臣幸遭主秉要亦曠世之奇遘也彼固寵榮私者勿論即有志格君匡時使澤流當世豈意氣智術

所能爲哉所責於君者難則反求諸己者厚正己
正物禀天鑒之在躬可也君或惡聞其過則臣以
驟諫爲忌舍憨從諷如孝子之奉親可也夫事聖
主易事中主難事驕主幼主尤難虞廷告戒毋若
丹朱傲事聖主以法言也卷阿矢音先福祿而後
用賢事幼主以巽言也若夫機智勇辯如縱橫之
術君子所不取即正色危論不可則止畢哉末之
難矣

無善無惡本襲釋氏語解之者曰非無善惡也謂此
性圓明妙覺善不足以名之况惡乎夫旣曰圓明

妙覺則可謂善矣卽直從書之帝降詩之物則曰性善可矣何必委曲其解以附會於釋氏也

論道術莫粹於唐虞論治術莫備於三代皆從心性求中和本一中運經濟未嘗以私智權術雜其間也爲臣欲致君三五敢不以心性之學牖其君乎欲登世於大猷敢不以心性之學覺其民乎欲以心性牖其君覺其民敢不以此學自治其身乎故性不可一日不明於天下學不可一日不講於天下

國家設黌序羣譽髦敬業其中制書固曰欲其陶養

德性以成賢人非徒使其習帖括取青紫已也督
學使者不求造士第以雌黃文藝爲能是謂怠官
常士不求養性第以藻繪相先是謂迷本業朝廷
旣布之功令不以此課殿最責實效是謂慢王章
遂使典教育才之官與童蒙訓詁之師無異而斯
世不獲多賢之用可爲太息也已
所貴夫松栢者謂其翠葢千仞上干青雲巨榦十圍
可棟明堂也所珍夫桃李者謂其華繁艷可悅其
實甘美可啖也斬刈之枝榦不存刋落之華實無
可見徒蓄其根於黃壤中而培灌之曰松栢在是

桃李在是久之根株并滅而曰還諸太虛世必謂
之太遂夫釋氏之言性也何以異此未有無枝榦
而稱松栢無華實而稱桃李者也
本降衷言之則曰性善兼氣質言之則曰相近聖益
聖愚益愚習使然也上智不待文而與無問習矣
下愚雖見聖不信無論性矣
性在天爲命在人爲心書曰道心惟微道心即性性
即天也由太虛有天之名由氣化有道之名是獨
言天道未及乎人道也合虛與氣有性之名太極
生陰陽本非二物何待於合合性與知覺有心之

名性不囿知覺不離知覺何言乎合愈剖析則愈支裂言之多道之晦也亦苦探力索之過也

自古帝王建都立國亦取其岳峙川迴風氣融會足以利人民安社稷爲萬國朝宗而已非必據險扼要爲不可拔計也王畿幅幀不過千里藉令千里之外皆爲敵國險固能幾何哉　國朝都燕北負山後諸山層巒叠嶂海内無兩右太行左渤海自登旅海門潮入巨浸方二千里洞庭彭蠡不能比深廣也西晉及秦爲右翼遼陽朝鮮爲左翼南控衛濟諸水泰岱諸山爲前蔽長江與江南諸山又

爲外蔽黃河西來其中而南徙說者謂決塞不常恐其復將北行夫使黃河果復行故道則萬里風氣併歸於碣石淮泗安枕而漕輓更無虞豈非億萬世之利與天無極哉故古今都會當以燕京爲第一其次關中其次平陽關中以渭北咸陽爲勝殽函四塞夙稱天府顧主遠似弱賓近似逼久則有强臣外戚之患平陽太行東抱黃河西遶朱子謂其山水極佳然亦主遠恐不能久振此二都所以次於燕京也據西北戎馬之强南嚮而制六合二都與燕京同其隣虜時患入寇亦同欲久安長

治在文武並用矣洛於四方爲中亦稱險塞顧負河面山王氣已非麗固金陵負江面山勢與洛同文物有餘威强不足所謂兄弟之國乎汴地汙下又次於洛矣臨安姑蘇武昌閩越皆偏安草竊無足言蜀更幽僻且負艮面坤於嚮明矣居諸葛武侯非擇而取之不得已也

有大志大力而後可與共學有眞志眞力而後可與入道今有士於此身列儒紳心躭空寂其淸脩類東其慈愛類墨其心曲可無愧俯仰斯亦吾同志之所畏也吾辯其學不敢詆其人苟可轉移忠告

而善道焉可也又有士於此貌恭而論篤行愿而
氣和有幽探性命之談有招徠聲氣之術名高當
世而或歉衷於暗室或變塞於榮途吾與其言不
敢信其品懼夫羊爲質虎爲革也若夫披緇空門
蟬脫塵外齋心苦行嚼然於世無染彼自爲出世
一法聽其言亦狥欲恣情之藥石也吾於彼何尤
惟夫假儒釋之似恣矯橫之議天命可褻聖訓可
侮如李和尚輩此天之僇民兩觀所必誅也蚩蚩
後進方且樂誦其書慕其行譬病狂喪心之人已
墜於淵谷而駭觀者猶搴裳以隨其後悲夫此無

他好怪故也怪生眩眩生信將使士大夫變爲清
談愚民日趨於白蓮無爲而後止甚矣好怪之亂
天下也

東漢王業爲荊州刺史每出行部沐浴齋素以祈於
天地當啓佐愚心無使有枉百姓此與趙閱道焚
香告天同一心也爲監司守令誠以此存心旦夕
焚香默禱所謂心誠求之於保赤其庶幾乎安民
則惠即知性盡心實學勝於坐談名理者遠矣

近世儒者以透悟爲宗大要從禪語入謂其作用異
而本原同也予獨謂其本原似同而實異悟其異

而同者謂之小悟悟其似同而實異者謂之大悟或曰悟體一也安有同異夫性本一而見性者各指其所之聖人指秉彝爲性性也常人指嗜慾爲性氣之粗可謂性乎二氏指神識爲性氣之靈可謂性乎凡言性而與二氏淆者皆知性之未眞也

蘇軾論荀卿敢爲高論異說而不顧愚人之所驚小人之所喜可謂深中荀病矣夫論不高不足以諛聞說不異不足以聳衆此索隱行怪所爲爭鳴於世也持此一念已不可與入堯舜之道即義讓千乘行高洗耳君子弗齒況徒恣橫議以炫愚俗乎

哉後世學者不務遵聖人塗轍而務標新幟以爲
異是皆荀卿之徒矣
荀子言養心莫善於誠宋儒辯其不識誠矣夫荀子
非獨不識誠也誠卽性唯至誠能盡性謂人性惡
是必以戕賊爲養也謂堯舜僞是必以桀紂爲誠
也闇性命之原亂千聖學術邪詖孰甚焉韓愈氏
謂荀與楊也大醇而小疵此愈所以未聞道也
爲佛氏說者曰佛性不滅能生天生地生人物安可
謂無功用夫儒者中和位育上調三光協四時下
擾兆民阜萬物皆實效也彼所謂生天地生人物

者曷從而見之人有好爲大言者汎舟黃河中流而遺一唾乃大呼曰吾此唾能作萬里洪濤能撼千尋巨浪同舟皆爲掩鼻唾歸於水猶性還於太虛也佛性雖靈於太虛禪益幾何語誇而無當君子弗屑辯矣

道以聖爲極學以經爲宗不師聖而師賢不宗經而宗傳疏是以各持宗旨談議日紛不能相一而好異者遂掇拾貝葉緣飾之以爲新不已過乎或曰孟軻死不得其傳夫六經固自傳也或曰顏子沒聖學亡夫六經未嘗亡也或曰聖學晦佛氏乘間

而起夫六經未嘗晦也易更四聖書備六王禮兼
三代詩列四始春秋明三綱九法聖人之精蘊盡
矣後有作者蔑以加矣世有宗經君子於誦習見
聖眞焉於見聖求心會焉默而成之身即經我即
聖矣夫洗心藏密精一執中徹神髓而出之者上
聖事也制事制心敬勝義勝依跡象而入之者中
聖事也孰悟孰脩孰頓孰漸無言可也
夫格物者格於身心意知格於家國天下也自誠正
至治平各有傳釋則格物詳且備矣故格致不別
爲傳可也雖勿補可也

夫居敬持志窮理讀書朱子蓋並言之未嘗狥外而遺內也必以讀書爲訓詁爲詞章爲狥外遺內此自不善讀書耳於書何咎聖人常教人讀書法矣其於詩也曰可以興觀羣怨可以事父事君曰授之政則達使四方則能專對豈徒爲訓詁詞章哉舉一詩而六經之教可知也聖人所謂格物者如此溫故知新者如此皆以實心求實益實明諸心實措諸事也

夫多識以蓄德非徒得之於心也得於心日可見之行矣多聞以建事非徒襲其轍迹也擇善而從吾

心有權度矣一眞內湛萬理渾涵者性也萬感紛綸萬應各當者性之用也合內外之道也上聖一眞妙運仰觀俯察成象成爻得於獨見獨聞者深也中智之士識慮所照與聞見所徹恒相參矣多識之所蓄多聞之所建適與一眞相契發如火之就燥水之投濕非待約結而同膠漆而合也性無內外無寂感無精粗遠近凡耳可得而聞口可得而言心可得而思身可得而行性無不在其中性粹然而至善確然而至當者也內洗心藏密外精義入神是謂窮理盡性

大學輯於漢儒簡策先後不能無誤今學宮所習乃二程所定而朱子因之者也近世論者必以古本爲據然聖經之後徑接以誠意章淇澳二詩在誠意後康誥明德至止信又在二詩後反復玩之殊雜亂不可解且彼謂古本原無分章然自誠意至治平俱以所謂起語分章固甚明矣又石經大學刻於漢魏其編次復與古本異豈諸公未之見乎果見之又安適從也彼謂今世學者重於背朱而輕於叛孔夫康誥以下固非孔氏所作若漢魏之人誤次之程朱依經文而改定之又何必輕叛經

文而重背漢魏也孟子論詩曰以意逆志是爲得之苟理明而旨順寧從其所可信者不信其所可疑者

聖人旣不以神明庸知自任又不以多學而識自居所謂一貫者說安在乎宋儒謂告參以行言告賜以知言恐非然也一則不二矣二則不一矣謂知行有兩一可乎存虛明以照萬類禮樂名物於此受象受數焉經綸酬酢於此受繩受墨焉其學與識所以爲行也其告賜卽其告參者也

謂舉業妨聖學者非知學也謂舉業不妨聖學亦未

眞知學也今世目舉業曰訓詁詞章耳聖人不曰温故知新乎不曰修詞立誠乎訓詁卽温故也詞章卽修詞也因訓詁而知新因詞章而立誠舉業正所以爲聖學何論妨不妨哉且夫前代舉士以詞賦直藻繪無益今士之居業與所以見舉必以經書制義是聖人心精之所寄也童而習焉一開卷見聖矣誦而思焉一動念見聖矣思之遍發爲制義一握管見聖矣而謂聖遠乎謂聖不可學乎何其習而弗察也

秦蜀深山中有羚羊焉其食芻草其寢以角掛林樹

性慈和而不喜鬭虞者欲取之則佯以二人叫呼相搏羊馳至以左角抵左右角抵右若中爲解紛狀其人遂執而搏之以充庖俎鬻其角於市爲藥餌君子曰獸非獨騶虞仁也羚羊其亞矣虞人以機心殺之豈其性惡不如物哉利在獲禽遂忘其以德爲仇也然過信人情自罹於穽羊之靈亦闇而未光矣好仁而不學者似之

或謂朱子晚年定論誠然乎曰此新建以格物窮理詆朱子當時學士盡非之遂因枝葉刊落奇功一原二語文飾之爲朱子解亦自解也性合顯藏道

兼體用枝葉本根可判爲二物哉聖賢立言或分或合默而成之總歸一致夫子嘗言博文明善又言戒懼愼獨矣於易繫言洗心齋戒又言窮理盡性矣亦將謂洗心戒懼爲晚年定論可乎挾高世之材辯創新論以凌轢儒先而不必當於情實所謂欺天罔人以學術殺天下者果可詆朱耶良知烱烱當不容昧矣

虞廷以九德官人萬世銓衡之祖也要歸在德性中和而已欲知德性徵諸行事而已曰寬曰柔曰愿曰擾皆柔德也而栗而立而恭而毅則柔而得中

矣曰亂曰直曰簡曰剛曰彊皆剛德也而敬而溫
而廉而塞而義則剛而得中矣日宣日嚴浚明亮
采無非中和展布豈徒才力智術足辦哉上以此
官人則以此養士士亦以此自養命典樂教胄子
其養士之法也直溫寬栗剛無虐簡無傲蓋陶鎔
於歌咏舞蹈者深乎後世典樂失官士欲造道成
德匪講學無繇矣夫講習不如歌咏之漬入也彊
作不如陶鎔之默化也
邵子於易可謂鈎深致遠矣然曰老子得易之體孟
子得易之用似猶有說焉致虛守靜深根寧極將

張故翕欲取故與老子自有體用存心養性擴其四端仕止久速求其當可孟子自有體用孟子學孔子者也所謂踐履皆易皆踐迹於孔子也夫天地合德與易爲體用者其惟孔子乎洗心藏密齋戒神明其體也精義入神無可不可其用也孟子學焉而未至老子則源別而流遠矣

東漢有兄弟皆知名郡國而弟尤著會郡舉孝廉其弟恐先巳而遺兄也忽病瘖弗語有密友覸而疑之伺其書齋夜坐登屋而下爲盜狀竟無一語其友前抱而哭曰奈何良士爲以瘖廢邪居數歲兄

宦歸陳俎豆祀其先人忽出聲語執事者一一羅設如式乃知稱者直以病讓也遂繼舉於朝名益藉甚君子曰美哉因心之友也矯而正曲而當矣近世有兄弟並登要路惡其軋已多方擠之使去此與虎狼何異

世稱黃帝之言曰我無爲而民自化我無事而民自富我好靜而民自正即其言果出於黃帝亦謂人主清心寡慾則天下治耳當時立井牧制律曆造干戈窮析經脈以濟萬民夭死阪泉之役七十二戰而後定豈眞能無爲而治哉後世老聃氏出習

見堯舜三王勞心天下乃矯其說於虛靜無爲而託其旨於黃帝後世遂以黃老並稱何其謬巳甚而負絶不倫也易繫言黃帝堯舜垂衣裳而治取諸乾坤黃帝堯舜其道同也言虛靜無爲託於黃帝言並耕託於神農其術同也並耕不能强世主自窒礙難行若虛靜無爲之說居高養尊者樂焉清達超曠之士尤易趨焉値漢初與海內利於休息人主與太后皆好其說幸保承平而六經旣燼宿儒方幽處於草門莫能救正故黃老之稱遂成於天下司馬遷工文辭闇於大道隨俗襲舛而不

覺至序黃老先於六經失益甚矣班固雖辯其失而黃老之不當並稱竟情焉千載以至於今未改也謂之何哉夫黃帝而下舍堯舜三王不足數獨與老聃爲徒老聃而上舍堯舜三王不足法而獨與黃帝爲契雖三尺童子皆知其不可然而舉世莫能明者以人心好異好放而莊列之徒復鼓其詞爲之羽翼也由前則稱黃老由後則稱老莊迨晉以老莊亡而後知蕩檢踰押之非人理而後知去仁義禮樂之不可以維世彼辟老而祔黃者眞矯誣之甚也

道立於天地聖人之先天地能顯道不能盡道聖人能體道不能盡道然道非天地無可見矣非聖人無可屬矣聖者道之宗也儒者聖之徒也六藝者聖之精蘊儒之矩矱也分道與儒爲二家又以道屬黃老以六藝屬儒不知儒亦不知道彼所知者文詞訓詁之儒而不知堯舜周孔之爲儒也蓋聖學荒儒術晦列儒於九流賤矣齒儒於三教小矣奈何儒者不以堯舜周孔自尊而甘與異流異教爲比數也

道之不明也我知之道以文載而文脈與道脈離也

道之不行也我知之道以治顯而治術與道術乖也班馬李杜言文者宗焉汪洋侈麗詞日盛而道離矣蕭曹房杜言治者尚焉法制刑禁政日繁而道乖矣安得文士皆仁義之言也言而必踐諸身也俗吏背化而求諸德禮也德禮有諸身而後求諸民也

養生送死事莫大焉知醫知葬豈非人子急務哉術家拘而多畏未必盡合於理儒者一切堅拒弗信亦窮理之未至也天有陰陽地有剛柔得中得正而上下有應斯於卦爻爲吉成象成形莫非易理

謂一抔之土獨不擇吉凶可乎顧求之則有道得之則有分矣天地人一氣也吉凶感應一機也烏有人不吉而能迎地之吉烏有地吉而輕畀人之不吉卽以堪輿術明之山必與向配穴必與水配得配者吉非其配則凶然則人之與地寧獨不審厥配而可以智索能取乎且天於萬物無所不宰猶家有嚴君焉仁義忠孝廉飾敬讓天所佑也恣睢暴戾横逆不道天所厭也有人於此恣横無忌既傷厥考心乃乘間伺隙竊攘其厚貲腴產以自封殖嚴君得無譴怒乎故自郭景純而下精其術

者未必昌後而郭且不保其身其偶能爲人致福者必其人陰有厚德天固福之非地術能專其力也嘗見富貴之家其祖父起微細或無心而得佳兆以致殷盛其後富貴或殫力營求而不得間强得之或天奪其聰用不中法即中法或爲雷轟或福應將至而盜賊掘發陵谷變徙神明予奪令人不可測度然後知脩德行義之爲本而卜擇末也

惠吉逆凶福善禍淫聖有明訓也後世文人辯論不一爲善者怠矣夫天之降鑒下民固非一端有不於身而於子孫者有不畀厚實而畀顯名者欒書

餘慶猶能庇廕廕之作孽乃覆厥宗後先遲速豈不較若影響哉伯夷餓而季孫富陋巷夭而東陵壽世或以爲尸實然竊名美號天榮以袞冕矣亂賊奸回戮甚於斵棺矣吉之與凶福之與禍奚啻在窮通貴賤間也

世有前人不淑而子孫能勤脩令德顯融奕世者若漢張安世是也亦有少年稔惡一旦發憤砥節身致將相者若晉周處是也世皆謂之克蓋前愆夫所謂蓋者必如杯而覆以盂如寸尺而覆以尋丈乃足稱蓋若惡重而德薄德與惡僅相當尚不足

以贖天罰剝曰回天而轉禍爲福乎故君子積德
累行夙夜匪懈山不厭高水不厭深也勝國時郡
中右族有武俠而稍行義者沒而禱祠於神神降
語曰積福如山積禍如海摧倒福山難填禍海其
子孫遂微側至今不振先世丘壟非見侵則自鬻
可爲龜鑑也已
以智力取天下守以仁義儒者逆順之說何其謬也
湯武征誅順天應人純乎仁義之用無論矣漢高
帝唐太宗因秦隋昏虐海內憤怨遂與羣雄並起
亦堂堂弔伐爲名安逆哉其能誅秦燹項禽竇滅

建則假仁義以行智力不嗜殺人與屠城戮衆者
功相萬也嚮非託宿於仁義徒智力是競劉固非
項敵淵亦何從遽勝窬乎夫仁義一也誠心則王
假之則霸霸亦順非逆也若獨恃智力以逆取天
下則五代之朝君暮虜者耳安在其得天下也
世有德人之辭有文士之辭辭不可不辨也漢儒殫
力蠹攻沉思楮削莫過於楊雄氏其曰藏心於淵
美厥靈根曰陽氣潛萌於黃鍾信在其中言理學
者多稱取焉然與於理而疎於識大節隳喪即語
探性命猶之繡鞶帨耳近世有惜雄材美而曲爲

解者曰劇秦美新別有一子雲然法言固曰自周公以來未有若漢公之懿也豈法言亦非雄作哉彼見夫居攝而中外頌功德也受禪而鋭意周官井田也以爲三代聖王復作一切弑逆之迹皆朦眛可塗天下耳目也嚮非人心思漢白水龍興莽且爭光虞夏雄竟爲漢儒巨擘矣其如天道不可欺何如萬世春秋筆何

伏羲氏仰觀俯察因河圖畫八卦重之爲六十四以定吉凶可謂作矣文之彖周之爻孔子之象贊皆因羲畫而闡繹焉未嘗別立卦象自爲一家說也

雄何人斯而作玄擬易哉天地山澤雷風水火皆
造化自然法象重之爲內外上下感應倡和又皆
造化自然氣機卦因圖作其通神明類萬物皆出
乎圖不必泥乎圖也洛書未嘗不可畫卦卦備於
易矣天地鬼神之秘洩矣故大禹因書作疇明天
與人志氣相通皇法天中正立極於以敘彝倫而
錫福斯世不必如易之緣數立象其爲神道設教
一也玄何爲哉方州部家强立名字旣牽合於洛
書以起數復錯綜於律曆以玆博剛柔中正義不
遂於易也吉凶悔吝占不斷於易也將以此齋戒

洗心乎與民同患乎吾不知其可也噫玄已贅矣復有作虛擬玄者又有作洪範皇極非玄而與玄類者甚矣後儒之好作而不知量也聖人曰述而不作得竊比焉足矣

亘古此兩儀亘古此大業易不可擬無容擬矣王通氏詩書之續可乎秦穆之誓晉文之命豈必盡同訓誥其言近於王道則取之王風既降鄭衛齊秦之音與二南並列美刺兼具皆足爲世勸懲也曹劉應謝雖不遠雅頌猶愈於鄭衛乎兩漢詔疏近古不有軫民疾苦者乎不有識達治體忠臣哀闕

者乎博蒐而約取焉足徵世運之變亦見民彝不盡泯也故擬易爲僭王也續詩書非僭也春秋續矣詩書亦可續也

予自保鎮遷任歸省舟中靜思生平宦迹所至過言過動可屈指數也里居十年檢察稍密覺闕失愈多因反思疇昔言動之過殆不可數計今無他論卽一日之內言語飲食間不中節者不知凡幾矣能寡言語飲食之過而後能寡日用酬酢之過而後能寡事君治民之過蓋事有精粗心無鉅細者未謹鉅者可知也

惟敬可以養恬惟靜可以凝福故恭恪篤重者生之徒也躁率佻達者死之徒也嘗見聰明材智之士多以輕浮滋衆尸即忠憤慷慨之臣亦或以疎濶隳睨譽皆由血氣用事而涵養薄也不知愧悔而同心嚮學復怨天尤人以逞其抑鬱無聊之氣亦足哀矣

創業之君識明而慮遠目與其智士藎臣立綱陳紀爲萬世規故天下治也迨至中葉君溺於宴安臣習於玩愒於是乎紐解維絶瑕釁四出莫之能救故盈成之世惟毖飭紀綱爲最急如人中年以後

不覩體貌肥瘠而覩神氣盛衰爲脩短也近歲江
陵當國幸逢
冲主委心勵精脩政一時百度改觀中外震疊幾於
吏稱民安可謂有相才矣惜其謀國者是謀身者
非始乎精者卒乎驕縱豈非器狹易滿寵極必
傾哉謚奪嗣削不亦宜乎獨懼夫後之人鑒其驕
縱倂遂其精勤也
夫德澤與法度論治者並言之矣法度非他所以載
德澤而施之民也田賦以安民生非朘民也刑獄
以戢民亂非殘民也禮制以防民淫非桎梏民也

脩法飭度而德澤不加焉是謂徒法且法一也旁以行法者異用一緩二則仁用二用三則暴五訊三宥則仁果斷果殺則暴仁之與暴在一念舒慘間耳豈必其法異哉本仁心行仁政司民命者宜深味焉毋視法度與德澤爲二物也

爲天下長慮却顧者謂之體國爲一身瞻前顧後者謂之營私公私之間義利忠邪判焉故大臣進思盡忠退思補過皆爲世道蒼生計若身名得喪當寘諸度外矣不可則止其去也亦爲世道非爲身名聖人於得之不得曰有義命義所以維世即所

以安身也命所以順天正所以成義也
智樂水仁樂山智者見之謂之智仁者見之謂之仁
也聖人全體太極流止卽心精耳目皆神化矣在
川上不覺歎曰逝者如斯夫不舍晝夜謂逝者水
之流乎境與水會而意趣於水也謂不舍者道之
運乎機與道遇而心忘乎道也二曜之代禪四序
之遞遷元會運世之推移皆晝夜之一瞬也聖心
之無息聖學之不厭聖教之不倦皆不舍之一原
也意源泉之混混與淵淵之淵適相感耶意波光
之森森與浩浩之天正相契耶蓋聖人觀物與常

人之觀物異聖人適情與仁智之適情異凡觸之成色皆身度也觸之成聲皆心律也吾於是想見聖人江河之沛奚必善言善行矣

郡邑之多盜也起於饑寒之困迫教化之陵夷也成於綏戢之無術而追捕之乖方也民之生齒蕃矣物力耗矣無恒產能使無放僻乎德禮之治邈矣鄉約以宣六諭能實奉行乎比閭族黨之制廢矣保甲以詰姦慝能實脩舉乎暮夜有戒民間寢不帖席長令或以爲諱衙官捕役且陰與爲市諱則人不敢愬愬而逢怒是藉寇也市則無意於捕急

督之橫噬以應是重爲市也長此不已往嘉隆間惠潮之禍將徧於中國矣予昔撫三輔曾上言地方失盜寧寬起數之罰而嚴隱匿不報之罪則盜可少息部覆旣有 俞旨惜乎委若弁髦也

汪子中詮卷六　萬曆丙辰丁巳集

憂中讀書得二語古人能標天下之異惟其能植天下之常心甚喜焉復續數語天下之事好奇者無奇好異者非異惟經常酬酢之間順理而動盡誠心而應及臻厥成天下卒莫能及此君子不求異乎物而獨伸於萬物也覺而思之是謂中庸是謂易簡至德

君子非好爲方人也不知人而從違滋戒眩焉靡定故居今稽古權衡不可爽也古人往矣其言與行在觀其言論其世其人可知焉言粹於道行造於

極聖也言根於道而未盡粹行依於道而未盡純
賢也若言僞而辯行僻而堅其人且不可方物好
隱惟者樂與之學聖君子必不爲所惑矣故惟天
下之善士能友以天下亦惟萬世之善士能友以
萬世

器必遵規矩而後利用焉射必循彀率而後命中焉
舍規矩彀率而從簡便拙工拙射所甚樂也不利
用不命中奚以器與射爲談妙悟者似之

人心統言心也道心言心之本來也操存舍亡眞妄
交勝故曰危降衷本體一眞無妄故曰微仁者人

也仁人心也道心即在人心中不可以理欲分不可以天人分也精以察微一以守微微即中也三才於此立根萬化於此樞紐故執中而皇極建四海寧矣

人心之動即是覺曰危微曰精一皆覺體也故聖人常明常覺謂有覺便落情識必常在夢寐中而後可乎天地以其心普物而無心聖人以其情順事而無情程子有是言矣天地之心人皆具之第常人已放其心聖人之情人皆同之第常人已汩於情未存心先言無心未養性先言無情此近世學

者竊空寂而談超頓與彼言天人言覺爲情識者共成套語故渺論日新而聖學日晦也無聲無臭天命之本體也非所以語學力不識不知聖脩之妙詣也非所以語入門學者果有眞爲聖人之志必先從入門用力始知近知自知微闇然密脩敬信此戒懼愼獨之實功危微精一之正脉也夫洗心退藏於密非洗滌歸空之謂曰藏無一息弗存曰密無一念弗覺如今人所謂妙悟所謂當下便是僅於知近知自知微處稍見光景耳美大聖神基於善信在實有諸已而已若辯析於毫

芒論極於玄杳不反諸身心以求實得非所敢望
於豪傑士也
寂寂惺惺是妄想惺惺非惺惺寂寂是無記寂寂非
似可爲戒慎恐懼注脚矣然妄想非惺正想是惺
一日萬幾卽惺是寂聖學於禪毫髮之差在此其
究亮工理人淸談廢事相去天壤烏可不蚤辯也
君子以君子之心信人似忠者不意其爲詐也似廉
者不意其爲汙也故常披肝膽以示小人小人以
小人之心度人大忠者見以爲沽直也大廉者見
以爲矯情也故常伺間隙以乘君子且小人之交

惟勢與利勢在則投足委心勢不在則旋踵易面向之肝膽相示者且借以輸欵炎門此君子所以常見欺於小人也秉虛明以御物誠僞畢照語默不失其惟聖人乎待億逆而後覺亦也不億逆終於不覺君子其愚也已

中庸非洙泗作也祖堯舜而述之者也道心即天命之性執中即中和之體曰危微戒懼凛矣曰精一明誠具矣故虞廷十六字爲經中庸三十章爲傳萬世聖學眞宗無出乎此矣學者第求諸十六字則堯舜可爲復求諸中庸則本原功夫叓悉乃後

儒紛紛各標新旨以炫玄妙其徒又爲之派衍繇
抽言多於充棟學苦於分岐究極其說總不出心
性二字而偏詖或雜於二氏是欲明聖學反以晦
學欲持辯論爲聖人不必以身爲聖人也同志有
過予問宗旨者予曰精一執中有大宗在予方欽
翼從事無暇問小宗矣

一友問高堅前後可想像乎卓爾末從可思議乎曰
諸弟子皆求聖道於言獨顏子求聖道於神也聖
人以身傳神顏子以神觀聖文旣傳禮旣約矣反
求於身視聽言動謹奉以周旋竊窺於聖人之身

時行而物生天運而神流非擬議之可幾也非形聲之可執也乃知誘所及者禮之度數耳神明超於度數若可望而不可即才所竭者禮之迹象耳天機妙於迹象若可遇而不可親喟然一嘆非遡其始也仰鑽與瞻正竭才也高堅前後正未從也蓋所至者立境漸融所未至者化境難入乎白沙常言神理之物乃靜坐中想見光景非深造自得如顏斷不能頓詣也深造之而詣此境則爲亞聖虛想之而見此境尚非我有

書院非古也自宋人主賜額始也夫既聚徒講學矣

離經辨志强立不返將若何而養心性若何而學孔孟徒讀書云乎百工居肆聚材木者欲斤削焉聚玉石者欲琢礱焉期於成器利用而後已講學者亦期於躬脩實踐體道成性以書名院未足以盡學似祇爲訓詁詞章地也予有小館以待同志名之曰明誠學舍今二氏所居多名精舍儒者亦有精舍曰學舍者切於學謙於院且别於二氏也

元亨者善而亨者也利貞者正而利者也善而亨正而利聖人安之匪善奚取於亨坎則維心亨困則大人亨也匪正奚取於利履幽蒙難亦利致命遂

志亦利也

凡人視人則明視已則昏責人則嚴責已則恕以昏而恕者自居庸衆人也以明而嚴者自反士君子也

天未喪文洙泗講習誰能廢之士何負國善類芟夷鬼神惡之暴秦坑儒漢唐錮黨宋禁僞學名殊而事一律也其禍亂之不旋踵亦千載一轍後世長國家者宜深鑒於前車矣

置一部孟子於案上則有事之宇宙可化爲無事置一部戰國策於案上則無事之宇宙可變爲有事

學術邪正關乎人心世道讀書烏可不愼也

人一也有千人之人有萬人之人有萬古之人精神一也有提攝一身之精神有提攝天下之精神有提攝萬世之精神人惟所自樹精神惟所自用毋虛此七尺戴天履地之身毋枉費一生精力於醉生夢死之境

夫學者學爲聖人也曰理學則有非理之理曰心學則有任心之心人以聖爲極學以聖爲宗言理言心於此折衷異端曲說於此退聽矣故講學者當直名曰聖學唐虞洙泗之嫡傳宸旒帝布之共貫

非後儒各以所見所入爲管窺者可得而參也
學者有必爲堯舜之志則羹墻堯舜矣有必爲仲尼之志則夢寐仲尼矣寧復向今人口吻索眞味乎復向今人足跡問芳塵乎其津津於近儒新論以參和二氏爲玄妙者其志止欲爲賢人不欲爲聖人欲持辯論爲聖人不必以身爲聖人也豪傑之士盍省勉焉

好問好察若無若虛聖人之心萬善咸具虛明感觸一善不遺故聞一善言見一善行若決江河沛然莫之能禦深山野人耕鑿供子職外何所事事曰

沛然莫禦者非流行布濩莫禦於外也乃浹洽融暢莫禦於中也所謂取諸人以爲善也故立志則必期於上聖取善則不擇於芻蕘

無恒産而有恒心士當如是然謀道不謀食安能厺食齊士甘委命於嗟來原生不貸餘於結駟可謂固窮未知所以處窮也爲農爲工爲賈皆治生事第循理安分不用機心機事以欺天欺人則治生與治心固相資而不相害耕稼陶漁舜嘗親爲之今豈妨於爲舜也

士君子立身宇宙當學爲聖賢不當以豪傑自局當

學三代以上人物不當以漢唐宋名臣自小禹稷皋夔之弼亮伊傅周召之經營功烈隆炳皆從性命中流出篤實輝光與取辦智力者寧啻霄壤懸哉凡欲爲豪傑而不爲聖賢者高則以憍亢取名卑則以恣睢攫利自古權臣竊柄賊臣竊國始未嘗不豪傑自命而卒稔惡於滔天也故學以聖人爲矩道以中庸爲極

君子以身任千聖之道脉一幸履敢愆於禮義乎以身植萬古之名教一啓戶敢涉於邪僻乎故窮抗志而達彌堅也少砥節而老彌篤也平居闇脩而

利害生死不移也

士守道官守職農守耕工守肆商守懋遷各有分焉分以內即性也即性命也性命非渺茫無據之物凡事所當爲分所當盡皆性命之流布也分以內有少虧焉則虧於性矣分以外有少越焉則越於性矣故虞人非招死不敢往聖人有取焉誠不以溝壑喪元而易守分之節也嗟乎使守道守職皆虞人若也則賢哲比肩而忠良接迹於世矣

身與仁不能並存寧殺身成仁生與義不可兼得寧舍生取義謂聖人無死地聖人非苟免以貪生也

心可剖身可囚囚不死者幸耳明哲保身無異術危不入亂不居無道則隱故默足以容也是以論强曰至死不變與南容曰免於刑戮可以死可以無處死當權之審矣

聖人非以有天下爲寶居天位代天以生萬物故謂之寶也曰大寶不得以小智治之曰神器不得以私意有之上帝之所眷顧鬼神之所佑饗惟仁而已

近日評制藝者動曰才人才士夫經書皆聖賢語以聖賢心思寫聖賢口吻仁義之言藹如故足述也

稍參以才士縱橫意氣如貌不肖衷何古者聖人非不多材多藝以材藝爲道德用德制才也後世豪傑建樹非不託宿道義以道義爲智數用才制德也此王覇升降之辨也

樂正子善信人也豈眞爲餔餟從子敖哉毋亦謂嬖倖之臣或可緣而得政於齊斯亦割烹飯牛之說誤之也聖人寧不得衛卿而不主彌子卽堅白可試終不往佛肸匪人之比包承之否易深致意焉

奚俟安命而後决也明乎此可以定龜山出處矣

未發常中則有發自和天命本體如是衆人皆有之

而衆人不能完其天者情習汨之也惟聖人爲能戒懼以完性體性之者安焉反之者勉焉戒懼之藏卽是中顯卽是和非中和爲性而戒懼爲性外添設也釋氏言空寂不能不言戒定戒斯定斯寂也天地之運一晝一夜一寒一暑若有所衡量不爽然若有所驅迫不容已然此天地無心之戒懼與性之聖人同也自開闢以來宇宙所以淸寧人物所以安皇王所以建極聖賢所以立教惟此幾希一脉非戒懼安得中和哉故曰畏天命曰我其夙夜畏天之威

不得於言勿求於心恐心以言動也能知言則言與心洽何動之有不得於心勿求於氣恐心以氣動也能養氣則氣還輔志何動之有蓋理明自無所疑格致之學也心慊自無所懼誠正之學也所謂私淑諸人者於茲見矣孟子集義而告子外之孟子順養而告子助之告子非悖然無覺悍然不顧彼以强制爲覺以强制爲內顧也

士志於學而無超然獨往之槩逐流隨俗寧有振拔日乎故聖人貴狂簡也成章云者識高而行卓如鳳翔千仞鶴唳九皋自成一品格也君子闇然日

章有一分造詣則有一分章美孟子云不成章不達自善有諸已而充實焉充實而光輝焉善信者成善信之章也美大者成美大之章也積漸而進其進無疆然必源泉一綫涓涓不息而後可盈可放不然則溝澮立涸而已

狂之進取以聖神爲標的也狷之不屑不潔以善信爲根基也志大者奮發必勇守潔者操脩必固故皆可與入道其充實光輝馴至於化一也行不掩言謂言必稱神聖而行則多疏畧耳彼嚻傲宇宙放浪形骸者可竊附於狂乎若言高青天行同汙

垢無論矣

狂狷善信之士可與適道矣充實而光輝焉可與立可謂大矣權則不可妄擬也化則不可强爲也從心不踰謂之化圓神不滯謂之權惟化而後能權也夫權以知輕重度以知長短豈獨聖人有之若方圓操縱惟適意必固我俱融非聖人未易能也

近世儒者謂學無積累欲盡掃去階級其說亦本釋氏泰華之巔欲變風氣上江河之險欲舍筏飛渡吾不知其可矣

智仁勇常德也聖人曰未能子臣弟友常道也聖人

曰未能默識爲學不厭不倦聖人曰何有脩德講學徙義改過聖人曰吾憂然則聖人所終日乾乾者可知矣

聖人言九思後儒見謂支離聖人言九容後儒見謂束縛夫九思一思也九容一容也戒懼愼獨之心存存不息故精神隨處流貫思之弗慮是戒懼有遺念也容之弗肅是戒懼有遺動也且勤思參貳馳騖包容無非思者起居出入發號施令無非容者智有千慮動有萬變奚獨止於九總之于慮一慮也萬動一動也至精詳而至易簡也

象恭非君子也鑒象恭而廢端莊之度可乎靜言非
君子也鑒靜言而廢安定之辭可乎威儀言語德
之符身之章也自儒者謂敬爲贅學道之士遂以
無心爲妙明以瀟灑爲樂境見敬脩者反疑其象
恭其靜言也聖人執禮之教或幾乎息矣
世鮮知德之君子故巧言亂德者多世鮮識政之君
子故辯言亂政者多孟氏生乎自信曰知言養氣
夫養氣本於集義其說詳矣若知言何繇能哉其
必明善知性乎聖人曰多聞而擇多見而識又曰
多識前言往行以蓄其德夫前言往行寧有出於

六經外乎六經明善明性者也聖人所贊述即聖人所爲學知也內求於心性外證於聖經一眞默會萬善兼融聖人之言在我矣能知聖人之言而後能知詖淫邪遁之言也

樊遲一問仁兩問仁智聖人語之各異何也計利徼福遲時有私意焉故語仁智之心以融之學稼學圃遲時有鄙念焉故語仁智之用以拓之最後曰恭曰敬忠心事交脩夷險勿棄則與克復敬恕相上下矣蓋學人受病隨時易症望色聞聲虛實溫凉異劑乃知聖人如大造鑄物其神化未易窺也

夫徹天地貫古今通人物爲一體者仁也聖人語回克復爲仁又曰一日克巳復禮天下歸仁此直指仁體以屬之惟回明睿足以受之所謂時雨之化性天之教也乃其目不離於視聽言動非積累之久何由得熟非純熟之至難語歸仁蓋論悟則無階級論脩則有漸次先悟而脩視未悟而脩者覺表裏明徹然其下學而上達一也

聖人嘗曰吾與回言終日又曰於吾言無所不悅乃論語所載自克復傳約外不少概見則終日言者安在也予嘗謂大易中庸爲聖門性命之書非中

人以上不可語聖人所獨授顔子所獨契意在斯
乎不遠復曰殆庶也得一善而拳拳也聖人明言
之矣
堯授舜僅執中一語舜授禹僅危微四語謹守之而
君師四海無餘術矣克復一章聖鑄囘也敬恕一
章聖鑄雍也請事如囘如雍則囘雍矣聖自我爲
力自我足曷不發此大憤而甘委心於荒怠也曷
不待此簡要而別與道路悠悠之人索蹊徑也
明膚者懼其高曠則從視聽言動檢之簡重者戒於
忽易則從出門使民攝之存心養性無寂感顯微

一也敬恕之心卽克復之心也宋儒或分爲乾道
坤道又增一見解矣增一見解則啓一疑竇故辯
難愈煩操脩愈薄今世講學之弊類如是也
上帝降衷若有恒性聖人之言也談空者必謂性無
善惡知之非艱行之惟艱聖人之言也談悟者必
謂知卽是行世儒紛紛辯論幾於舌敝矣簞瓢陋
巷顏氏賢也必以屢空附空而貨殖爲多識聖言
不太艱深乎格致誠正功有先後也謂格物格去
物欲格不正以歸於正聖言若是變亂乎見解愈
新辯難愈煩有眞爲聖人之志者必不然矣

善讀書者詳味聖人語意質以本心靈明脈絡相貫毋强參以己見也意指有歸毋别淆以異說也從容諷誦如聖人面命而我親見聖語性情則反諸性情曰吾能中和若是乎語言行則反諸言行曰吾能謹信若是乎語身心則反諸身心曰吾能正脩若是乎入孝出弟能無歉乎在邦在家能無怨乎念茲在茲無一息敢昏昧也日用酬酢在茲無一事敢踰佚也如此二十年何患不駸駕顏曾而徒以見解競虛談以優游銷歲月静言思之當寢食不寧矣

或問九容非獨畏檢束也亦懼其迂緩而不切事情也曰天生人畀以五官上應五行天之則也民之表也縱逸焉無所檢束其與狃蘗者何異九容特語其常耳若感應有萬變動不居何常膠滯於九如燕居則有安舒之容臨蒞則有莊肅之容事親則有婉愉之容擯相則有趨蹌之容介胄則有不可犯之容四牡驅馳鷹揚蹈厲皆儒者事奚得藉口迂緩而遂廢檢束也

子路負兼人之勇自謂可高視一世其問成人蓋有自挾於胸中者而聖賢性命之教未可以強聒也

第曰智若武仲廉若公綽勇藝若卞莊冉求合併之文以禮樂亦可爲成人矣夫材兼數子則一卞莊之勇未足恃也非文以禮樂卽材兼數子未足多也吾於聖人荅問之教見聖人一化工也今之成人何必然斷是子路語見危致命久要不忘正所自挾也其猶有雄冠貝劍之意乎南山之竹羽而鏃之聖人造就非一惜其不能受竟以傷勇終也

聖道至簡淡至淵微也多學多識特其迹象耳非澄心而默悟焉何以致精而詣極易曰神而明之存

乎其人故默識不從強記而從識悟近儒之說是也學不厭誨不倦聖人自任者屬矣茲加默識一語欲令學者知誨不在言詮學不在聞見即予欲無言意也

舜五臣武十亂聖人感才之盛因歎才之難也夫論才於三代繼唐虞而稱盛者莫如周論德於三代繼唐虞而稱至者亦莫如周遇獨夫之君戴之如明聖有戡亂之臣率之以靖共其與揖讓而天下治無異文王何可當也故上下古今語至德惟泰伯文王見聖人於揖讓之隆有深慕也

聖人於堯舜稱大哉君哉於禹曰無間然謂禹雖家天下而不以天下自私也視天地神人爲重視吾身爲輕知奉天子民而不以萬民奉已所謂有天下而已不與故無間然也以豐儉適中言者未窺禹之大也

聖人之學求諸身心而已正其心而萬事理脩其身而天下治偶見佛語菩提非觸法不可以身得也非塵法不可以心得也舍身心安所寘力安所求得乎空其身乃見法身空其心乃見眞心語未嘗不精奧第法身見矣將公之天下乎逃諸窈冥乎

眞心見矣將措之事業乎還諸太虛乎自釋迦氏
至上古燃燈佛但聞其歸寂滅度已爾未聞有秉
德持世主政教於西方者也
厲俗化者存乎節治煩劇者存乎材孟公綽優於趙
魏老不可以爲滕薛大夫見聖人用人如器雖重
士節未嘗不兼使材也他日論衛事如祝鮀宗廟
王孫賈軍旅皆能有救於國故聖人在位天下無
棄材惟無棄材故不至乏材也
性命精微非擬議可形容也聖人不得已以言顯之
猶恐顯之不盡不能使人人明諸心也今解聖言

者動雜以異說如非有非非有非見非非見等語隨處參入令人不可測識且無可持循顯者不更幽明者不更遠乎郭象注莊子而語晦於莊人謂非郭注莊乃莊注郭也

作者七人謂伏羲氏神農氏黃帝氏堯舜氏文王演易周公制禮樂也作者既備後可無作矣此聖人自明其述而不作意也春秋非作乎褒功罪於至隱嚴褒貶於一字後人見以爲作自聖人視之曰吾奉若周天王刑賞如此不敢自以爲作也

君子惟不爭故能息人之爭惟不黨故能化人之黨

開誠心布公道衆所共是吾是之衆所共非吾非之衆是未必眞是吾信吾是而婉曲以正其非衆非未必眞非吾信吾非而從容以導共是於國事庶有濟乎奏格無言時靡有爭夫敬信之極能使人我俱融偏黨盡消致中和君子當如是矣

一友問爲學之功緩則昏逸急則涉於把捉若何而可曰把捉一語乃近儒雜禪之說聖人無是也執中執競智及仁守聖言凜凜惟縱怠是戒豈以矜持爲患哉畏矜持而安縱怠托口於空虛無着此近世講論日新而去聖人之宮墻日遠也潛心深

◎

造期於自得毋欲速毋助長焉可矣

一友講至誠經綸章畢予謂至誠功用盛矣乃至誠體段何似盍試思之諸友或默或以眞實無妄對予曰欲知至誠體段則篤恭是已欲知篤恭敬信之極是已一眞渾固天載同運語實體則曰篤恭語造位則曰至誠本其進脩則戒懼之至而敬信之極也故以至誠言至誠不可得而想像也以篤恭言至誠則至誠可得而想像可得而名言矣思誠君子必自戒懼敬信始矣

常人之情駭於所新聞而忽於所舊聞歆於所未習

而厭於所已習少服聖人之訓見異說而遷焉者歆與厭爲之也聖人所以學不厭者知學之本乎性知性之命於天如饑之於食食之必菽粟也如寒之於衣衣之必布帛也厭何自生焉從知性爲學故不厭從知性爲教故不倦性本萬物同體故善與天下爲公也

聖人自志學至三十而立時非無知知而未盡徹也時非無行行而未盡空也曰不惑則知徹行亦徹矣知非必在先行非必在後因知而明所往因行而知益明也曰知命則知與天通行亦與天合然

思勉猶未化也耳順從心知不待思行不待勉矣不思有神於思者也不勉有神於勉者也篤恭內蘊萬應咸妙非縱心自然漫無主宰之謂也

大學之誠意慎獨脩於初發後天之學也中庸之不睹不聞脩於未發先天之學也未章由知幾慎獨直造於篤恭以後天合先天也戒懼於不睹聞猶致慎於獨覺先天爲體後天爲用也

聖人一生無日不乾惕其衷無日不古人與稽無日不敬脩可願杏壇燕息學也轍環列國何地非學七十子問荅學也世主具臣相與晤對何時非學

◎

不試故藝游藝學也夾谷之會文事而有武備何應變非學四十不惑矣猶曰假數年以學易學易而後知命而後無大過謂聖人四十以前遂能先後天弗違乎吾不敢知毋意必毋固我亦知命以後渾融之盡乎毋意必固我圓而神也從心不踰方以知也規圓矩方聖人一生從事焉惟至篤恭而後能神能知

聖人以畢世精神從事於學曰發憤志何篤也曰不厭功何斂也歷一境更進一境閱一歲彌新一歲益返觀默省而覺其有自得乎今天縱不如聖人

乃悠悠泄泄非世味之濡染則物外之逍遥與玄
譚之塗餙以是嘐嘐聖人烏能窺左足於堂奥哉
故立志欲眞進脩欲勇非勇胡能好學非勇胡能
力行三近空重乎勇矣
一友問禪言悟儒言覺有以異乎曰覺與悟無二義
第彼所謂悟欲悟其眞空以空四大六合也吾所
謂覺欲覺其實理以理天地人物也智周萬物道
濟天下何一事不實何一處可空故始乎戒懼終
乎篤恭德則中和業則參贊千聖一心萬古一揆
矣異此者謂之異端悖此者謂之悖道言不孫此

謂之邪說行不繇此謂之詖行

楚有兄弟仕宦者初俱乏嗣兄妻妒甚其弟妻賢而能容媵晩歲兄妾適有孕妻苦撻而强嫁之其弟密召所嫁夫而語之曰吾與若二十金暫留我家三月而後歸汝汝愼毋泄其人諾去乃佯稱已媵有孕三月後當誕已而嫁妾果生子遂以爲已媵子也乳養而教誨之子年十七爲娶婦因置酒飲兄酒數行兄不覺涕下曰吾弟幸婦賢而有子吾竟爲嫂所誤其弟亦泫然揮涕兄曰子納婦方祥事也涕何從出弟曰吾兄固有子弟無子也具以

情告兄乃躍然起曰吾知所以處此矣爲子別娶一婦分宅居焉異日幸而舉孫在吾宅者吾孫也在弟宅者弟孫也其後兩支繁衍聞者皆豔稱焉君子曰懿哉其弟之智且仁也正而不譎忠而不欺兩支並茂天助者順乎詩云兄弟旣翕宜爾室家今宜子孫矣

天理常存於人心則人心理矣天理常明於天下則天下理矣夫講學者欲與士大夫共明此理使天下常得其理也論篤未必君子亦非必盡色莊言不底績考功有法焉實不中聲月旦有評焉歎世

盗名嚋能掩之若必以講學爲厲禁使天下相戒而不敢談仁義禮樂是人化物而滅天理也中國之淪爲左衽人類之流於禽獸胥繇此矣

有一代之開創則有一代之治體湯革夏正佐以阿衡今讀其詩書之文整潔嚴峻當時治體可知也賢聖繼作補敝捄偏無致遲佚迄於武丁荊楚不庭伐之三年必克乃已師則憊而威已伸故終商世六百餘年屢見河患不聞有侯國跋扈之患藉令帝乙舍紂立啟周雖奕世載德如商何哉周之興也本以仁厚立國行葦旣醉歡洽太平采菽蓼

蕭威不勝惠僅三四傳昭王南征不復遂弗能問中興止一周宣令業弗竟東遷以後射肩窺鼎天王直寄坐耳孰謂有道之長周過於商也

夷狄之勢欲其分不欲其合合則力強易於跳梁分則微弱不敢有邪心故蠻夷相攻邊境之利也用蠻夷攻蠻夷樽俎之筭也中國之勢欲其合不欲其分分則孤旅難於自固合則威重而足示彈壓故屯塞雲連東擊則西援右警則左應此犄角之形也畫疆而守尺寸緩急不相顧瑕者破而堅者亦瑕此坐困之術也

象桂之猺貴筑之苗瓊崖之黎皆天地所生與人同
類也彼非有郡邑政教時出沒爲盜無足深恠當
事者第結以恩信因其俗爲置酋長申以約泆盜
未常不可弭也久而習服建治設官未必不化爲
中國也建一邑澤流一邑建一郡澤流一郡使三
代聖王當今之世必不遐遺矣非廣地而好大也
至仁天覆臥榻側一物失所其心誠不忍也若因
盜而以叛勦之旣勦不能以政教綏之胡不取文
翁化蜀與韋皋定南詔事觀之也
夫學者欲究極萬變以滿吾明德分量非博學詳說

不幾於面墻乎博固所以求約詳於說欲精於守
也詩三百篇聖人日爲弟子雅言與觀群怨忠孝
多識蓋諄諄焉蔽之一言曰思無邪則聖人所爲
博約者可深思矣引而伸之書可一言蔽允執中
也易可一言蔽自强不息也禮則無不敬也春秋
則春王正月也春者奉天道王者遵王度正月者
反其始也周官正月始和布法象魏道人以木鐸
徇於道路脩制謹度悉如文武之始無變天常無
數人紀此春秋之義也
典謨文之祖也至春秋辭命猶有訓誥之遺焉雅頌

詩之盛也至魯宮泮水猶有殷周之槩焉文衰於戰國蘇張范蔡爲階厲也詩亡於戰國屈宋景其濫觴也策士騁縱横之辯賢人舒憤懣之氣才情横溢而醇樸漓矣規尚環詭而俗化乖矣文章與世運相升降也可弗愼乎

由十五至七十聖人自爲年譜矣由志學至從心聖人自爲傳神矣曰立曰不惑曰知命皆從性體中聆徽從踐履處循省愈光明而愈精熟其乾乾常惕者天之行乎其爛爛常照者日月之代乎善學聖人者求聖人之神而巳得其神則語默動靜皆

應迹也仕止久速皆過轍也周旋於魯衛齊宋之
郊皆客旅也可以觀聖人而不足以見聖人也
天畀人以富厚爲貧者所取給也天畀人以智慧爲
愚者所取裁也富而自擁智而自謀視貧且愚者
莫之恤且從而夌轢焉亦大負天之意矣故富貴
之家子孫或日頑寘而日衰薄天之所厭不可救
藥也

夫知世不可爲而爲之晨門於聖人最知心矣然聖
人非必不爲以失事幾亦非必於爲而不適時變
也大都無過百雉古之制三都踰制則請墮至郈

不可則已之陳恒弑君大逆也雖告老而猶請討君相不可則已之爲乎不得不爲止乎不得不止而後見聖人之能權或者謂聖人舉事動出萬全夫必事可功成而後動則天下事可言可爲者不亦寡乎是使先王之制與討賊大義不復明於天下此聖人所爲疾固與果也

周武既代殷矣箕子既陳範矣九州之内何地不可封而封以朝鮮何也獨夫雖播虐殷先王德澤尚未忘于人心武庚祿父猶將擁戴焉矧聖如箕子者哉故遠跡窮陬愛身愛道絶頑民蠢動之思而

全舊臣始終之節蓋箕子自爲計武王周公遂從而成之也荒服之國各有君長豈能遽奪而授之列爵以子爲置田里而居若寓公焉爾已今平壤城外有箕子墓風俗淳美與他國異聖人過化所遺者遠也

盈虛消息者天之數人之紀也毋論其遠試近取諸身百年之中有少壯老病也一日之間有晨昏晝夜也孰有壯而不老老而猶任力作如壯乎孰有晝而不昏昏而能廢寢臥如晝乎起居一不愼飲食一失調而百病生矣匪消不息匪息不盈觀於

身得養生焉觀養生得應世焉老氏守雌守黑純用消息以持盈也

孔廟之有從祀也爲明道術翊聖眞也爲褒往哲而詔來裔也乃議者或主於講學著述而名世大賢偶未及焉亦未達於聖人之教矣自虞夏殷周至今學校皆以明倫入則事親出則事君功被生民勞著國家皆明倫之實用也故禹敷土稷播穀皆稱聖非必夷禮夔樂而後爲聖也箕子囚比干剖皆稱仁非必伊衡傅楫而後爲仁也孔門七十二子德行言語文學政事各以所能顯要歸於心術

光明操行端亮不悖於聖人繩墨則可謂聖人之徒矣若宋范文正文文忠二公者一立朝獨秉風節一遭亂身荷綱常而心術光明俊偉異世同轍豈非卓乎不悖於聖人者哉先憂後樂饑溺之極思也破家殉國忠孝之烈軌也其丰采足以聳華夷其精誠足以動天地試觀三代以還能如二公者有幾顧以未嘗講學而不及躋於聖人之徒則當世知學者鮮而持論之太刻也二公文章藻麗烜烜簡編者姑不必論當文正鎮延鄜時張子厚以兵法見公曰儒者自有名教何必孫吳子厚由

此聞道則關西之學公實默啟之文忠臨歿寄書
衣帶云讀聖賢書所學何事成仁取義公實允蹈
之謂二公未嘗學問可乎昔子夏重敦倫而以竭
力致身賢賢信友必謂之學則峻節精忠如二公
正子夏所樂與也朱子論大名臣以文正爲宋朝
人物第一予於文忠亦云乃宋朝理學諸公接武
廟庭者衆矣而所稱第一人物曾不得與章句之
儒比蹟而俎豆焉朱子寧獨安耶蓋世必有千古
學識然後能權衡千古藉令聖學大明于世自當
知綱常名教爲學問之大必有爲二公特請者矣

或曰百代殊絶人物漢唐居三可皆祀乎予曰不
然傅衰復雖隆中感遇乾圭委蛇益有功名自喜
之意焉若三公醇乎醇矣未可並論也
夫天地生財自足以養天地之人乃兆庶嗷嗷若不
聊生者曷故哉往予朙役四方詢之三老子弟曰
有六蠹焉一吏蠹討海内親民之吏以三千數餐
氷茹糵敢謂無人乃法紀漸玩上習漸瀰或生平
志在温飽或甞官身處膏脂其砥礪自愛纖塵不
染者亦什之一二耳美耗蠹而壞賦斂幕金入而
山判稅家豐者齎於賄交力乏者窮於贖罰姦邪

盜賊俱由此作乃其言曰吾非敢肥家也上官之餽謝日煩入覲之交際不貲即勉爲清白勢不能也二役蠹夫吏之無良胥役乘間蜂擁無論矣即吏知自愛而識闇於簿書材踈於約束弄智舞文恣爲姦利者亦時有焉徵輸則盈縮任其侵牟緝盜則縱眞而害良善甚至不才寮佐甘於猫鼠同眠而猫且向鼠求食上官憲令可高束也按訪可陰中也士大夫公議可旁格也故民間諺曰何必科第刀筆何必讀書爲邑吏胥言嵎負莫之能攖也三豪蠹邑固有長令也窮鄉小民或柔懦

不能自直於是有武斷者雄行其間稍不如意則能爲左右袒民其魚肉矣稱貸出息閭閻常事獨有强暴者乘急而貸恣横而取展轉加益或至十數倍叱咤毆撻威於官府令人不忍見也又有典質貨物之家先計子母錢入其囊中而後以毋錢出期而不至則聽廢易縣官尚有逋賦彼獨坐收萬全也斯二者驟禁之恐窮民無與往來惟下寬息之令而重懲横索庶可少瘳乎四答蠹菲食惡服聖王猶躬先之以士庶之家而華衣美食僭借不衡度者何也燕會備水陸之珎嫁娶盛珠玉之

餙輩飛等於侯第園池擬於上苑環視貧民顛連無告曾不能分半菽尺布起之溝中國制踰矣天物殄矣月盈則虧器滿則覆非人禍也則有天殃豈直財盡而貧困隨之哉五訟蠹先王以六行教萬民曰孝友睦姻任卹故家門雝雝閭巷藹藹鄉黨恂恂寧有囂凌訐諍之患也世教衰而競端起見小利則爭遇小忿則爭於是設無情之辭操必勝之術事本纖芥而重之以為丘山人本蟣虱而張之以為狼虎訟師主持猾胥播弄非有明允之吏洞燭微曖反覆鬬捷終無已時此富者所以傾

貴而貧者竟至於破産也六異盡自二氏興而鬼神禍福之說愚智同眩不曰薦福祖考則曰資福後嗣不曰懺釋宿業則曰廣種來生以故緇衣肩摩於都市梵宮疊峙於湖山而且煽引蔓延靡地不到布金造剎隨處而有一夫不耕有受饑者一女不織有受寒者今以數百萬僧尼取給於天下之耕夫織婦而無益於毫毛民之饑寒旁午繇此矣夫此六蠹皆吏民之自爲攘削也天災賦斂不預焉若加以水旱之頻仍催徵之迫促榷覈纖造之煩擾鳥啄獸攫其何日之有欲去蠹莫先於肅

吏治吏蠹既袪然後五者可得而議若清源正本
當自廟堂樞要始也
夫權一而已或云反經合道或云權只是經或云經權亦當有辨於義孰當曰皆是也而未愜於一也有經中之權有經外之權如娶妻可弗告也完廩浚井可使不可殺也過宋可微服也去國可遲遲可接淅也小杖受大杖可避也嫂溺可手援也餽金可受可不受幣交有報不報也此經中之權所以善用夫經也至君臣之窮而放伐與兄弟之窮而斧斨破尚可謂之經乎嘗觀聖人論贊帝王獨

於湯無一語武王昭代君也猶曰未盡善而順天應人僅於革彖見之若曰當治亂改革之際天命人心如是不得不用權以通其變耳此經外之權卽不背乎道終不可以爲經也

人生首圓而足方分天地之遺體矣自嬰孩至老耄寄天地之一息矣養其息完其體不與天地相似可乎嘗聞野狐煉氣五百年始類人形又煉五百年而後得仙毎笑具人形者可省力五百年奈何不自愛而甘與仙絕嗟乎彼異物尚慕人仙求善變卽收效于千歲之後猶不憚爲之可謂智且勇

矣乃靦然人也旣見聖弗克由聖以百年精力優
游於理欲交戰而聖岸竟邈隔焉其智勇反出野
狐下也亦足哀已
晏嬰不知仲尼未嘗謂仲尼非君子也當年不能殫
其學累世不能究其蘊其仰止獨深矣仲尼不見
知於嬰未嘗謂嬰爲匪人也曰平仲善與人交平
仲賢大夫也而難乎爲下其瑜瑕不掩矣嘗觀古
之人趨操不同意見各異然是非臧否肖其人如
其事而止寧有纖毫作好惡哉世衰習薄士競以
異同爲愛憎擯人者必目曰奸邪擯於人者必詆

曰權奸相凌相訐至舉其生平操履盡沒焉毋論
雅道亦與乎直道之民矣
夫德怨人所時有也老氏曰報怨以德聖人衷之以
直報怨時無可報未嘗宿憾於胸中也時適可報
未嘗吹疵於事外也因物付物我無容心謂之不
報可矣禮稱親讐不共戴謂非其罪而遭橫逆焉
耳鯀殛禹與蔡叔囚蔡仲用安所言怨德也至兄
弟交遊之讎曰不反兵寧無量力乎曰不同國得
無死黨乎此必非聖人之言也後世豪俠睚眦殺
人借交報讎此語誤之也若諫臣導君黷武曰齊

襄復九世之讎春秋大之則敢於誣聖經矣
語曰記人之功忘人之過宜爲君者也故聖王御臣有使過之仁有肆眚之典懼以微瑕掩白璧以寸朽遺棟梁也君子愛物容衆何獨不然士不必兼六行人不必兼六藝有片長則亟取之若無心得過與不幸罹咎者惻然憫焉曰第速改則良士也凡人非惡極畀大皆可與更新也故其人樂君子之寬而益勇於祓濯是以君子在位則朝署無棄材君子在野則鄉曲多賢子弟其所包含廣造就弘也夫夷齊清之極矣視濁世若塗炭焉然不念

舊惡怨是用希此是以想見聖人之度
聖人爲治不因循以狥世亦不立異以驚世少正卯
魯聞人也且列秩於大夫卽罪當誅非請訊於魯
君咨度於季桓子能一意獨行乎攝相七日而誅
一有罪之大夫以警有位非細故也胡不見於春
秋乎爵人於朝刑人於市兩觀豈用刑地乎竊意
正卯有罪適攝相而退斥之遂暴其罪跡於朝堂
與大夫國人共知焉耳豈必以殺戮爲誅乎宰予
晝寢子曰於予何誅誅非必殺戮也亦猶景伯肆
諸市朝之說也子路賢伯寮譖景伯不勝其忿若

曰吾力能宣言於朝市以明子路之忠節而譏公
之非眞也不然伯寮已見信於季孫恐景伯未能
擅殺且非所以聞於聖人也
聖人以厚道待天下即原壤自放於禮法猶曰親者
毋失爲親故者毋失爲故也以德報德誠是矣然
使聖人在上賞則無及私昵也刑則無失不經也
臧否淑慝誰毀譽也所謂德報者將何如而可權
愛惡之衡酌情義之中必有妙用存矣
宰我在聖門善爲說辭者也因問社以戰栗對豈妄
爲附會哉當時主弱臣强紀綱廢弛誅罰不行魯

人視其君若贅旒然曾無畏懼心矣戰栗之對蓋
欲啟君以威嚴馭下也顧積弱之國勢極而不可
反未效忠於上羝叢怨於下言之何益故聖人曰
成事不說遂事不諫教宰我以慎言也亦慨魯事
之不可救也夫朱干玉戚舞於庭穆穆雍雍歌於
室僭亂極矣聖人第曰孰不可忍曰奚取於家亦
私與其弟子微詞隱諭焉耳未嘗敢昌言於朝以
發明禮更制之端何也僭不自三家而自魯且自
成王伯禽始也聖人安敢輕議安得不爲國諱或
人問禘曰不知君娶同姓猶云知禮皆成事遂事

之旨也
聖王作而名世生雲龍風虎應景運也王佐由而聖
治興舟楫鹽梅嘉泰交也然俯仰數千載遇合亦
甚艱焉聖臣與聖君適會三五之盛也聖臣而遇
賢君則志同而用未必竟聖臣而遇中主則貌敬
而志未必孚是謂有臣無君聖君而得賢臣僅可
以熙庶績賢君而得賢臣亦可致小康然識量未
必盡符納牖未必當幾一相失則疏遠耳是謂有
君無臣人之言曰世有有臣無君者未有有君無
臣者豈盡然乎哉

君一而已普天皆臣也聖君一而已聖臣人皆可爲也求神聖於一人固數世不一遇求賢聖於千萬人宜可以旦暮得而接踵至也然而不易得者彼讀聖人之書未嘗存聖人之志也夫以數世不遇者責之君而不以旦暮可得者勉之已此其過在君乎在臣乎試使千萬人者各懷聖人之志以皋夔伊傅自砥其身則立朝必多賢聖之臣矣未有賢聖之臣盈於朝而不能致君三五者也未有以管晏材術處其身而能堯舜其君者也

子路在聖門以政事稱借令得志一匡功業未必其

優爲曾西遜子路而卑管仲者尊聖人之道而抑覇術也聖人之道本諸心性與於穆同體措諸事業與造化同流有淪濡一世之恩澤有包涵萬代之規模規規區區取辦智術炫耀當年者可同日語哉然使聖人得位衡宰而官人舉如管如晏皆任職修政之能臣也究歸於去詐力踐仁義以就聖人陶冶亦不愧三代之英矣

夫聖臣遇賢君而用未必竟者亦其君之賢遜於中主不足與大有爲也說進典學而殷邦嘉靖周召進無逸歌卷阿而治致刑措彼所遇眞賢主也周

宣則異是焉嘗論其詩如尹吉甫仲山甫張仲諸臣德兼孝友文武而識達於民彝物則皆聖人之徒王佐之才也使宣王能委心信任豈不足以軼成康而紹二后乃始勤終怠令業漸隳者何也上無啟心閫德之命也無訪落佛肩之求也即有忠謨將逆耳是懼故補袞之輔出而城齊姑託諷於末條冀默悟主心焉耳所繇遜志緝熙殷宗周成黽勉於學而宣王不知學也萃王佐之臣事中興之主乃不獲竟其用千古有遺憾夫

三代而下人主有不繇問學而智畧能運寰宇恩澤

能潤羣生者此天縱非人力也嘗觀漢武帝唐太
宗有亞聖之英裁焉漢文帝宋仁宗有亞聖之粹
質焉使得二三王佐左右而弼亮之則創業守文
當與湯武齊驁與殷宗周成比烈矣惜乎其有君
無臣也武帝表章六經改正朔易服色漢治蔚然
一新汲黯曰陛下內多慾而外施仁義柰何欲效
唐虞之治太宗嘗嘆不井田不封建不可以治天
下至貞觀政成則曰此魏徵教我行仁義之效惜
不令封德彝見之此二君者皆奮然有唐虞三代
之志欲以仁義致隆平第未聞精一敬義之學徒

以政術鋪張仁義所謂徒法不能自行也汲黯能言之魏徵能教之試問二臣仁義作何蘊蓄作何設施即二臣未必能置對安望其啟心沃心乎或謂武帝有董仲舒而不能用夫天人三策固稱醇儒然語涉迂緩而格心無術彼雄材大畧之主直與拘儒曲學同類視之此江都所以行也漢文宋仁皆恭儉寛仁卓越千載其臣若申屠嘉張釋之輩及慶曆諸賢亦皆俊偉光明流聲奕世顧有君如此而不聞以道德天人之説進豈生平深造未及弗敢深求於君耶或謂文帝有賈誼而不能用

夫治安一疏修匡濟而乏本根矧以少年狂率傲視其將相大臣誰能容之故痛哭流涕不遇至悲憤以死淺衷難與大受過不在漢文也數君而外若宋之藝祖神宗亦嘗銳志太平而鼎鉉寄於刀筆戈矛起於紛更治僅靡安亂且亡國皆有君無臣之故哉

致禮治身非必周旋裼襲以爲容也莊敬在身無斯須去焉耳致樂治心非必琴瑟笙鏞之在御也和樂在心無斯須去焉耳故斯須不莊不敬不和不樂非聖人之學也後儒論格致曰合之以敬而益

贅夫心無止以敬爲止敬無內外無常暫何言合
何言贅哉格致所以贅敬脩也知毋不敬乃可以
知格致

道行於上聖人爲璿璣焉統天以宰治也道明於下
聖人爲木鐸焉代天以宣教也夫道一而已其宣
教者卽其宰治者世不可一日無治教不可一日
不明在上在下聖人所遇不同其欲登天下於袵
席振斯世之聾盲未嘗頃刻置焉天之愛民無已
聖心之無已與天一也若曰䟽食水飲便可忘世
則大烹鼎養亦可釋念於生人矣天不虛生聖人

聖人必不虛負天意
自學庸表章於程朱翼六經以行於世而聖學始大
明也我
聖祖神武開天觀心有銘存心有錄蓋直遡人心道
心之旨焉予曰有啟沃予曰有先後程朱以之乃
當時劉宋諸臣未聞有闡明精一以贊勲華安在
其爲帝臣也
世宗英明天縱敬一有箴五箴有註又直承敬止儆
勝之脉焉而在廷諸臣不聞有發揮純德以揚耿
光安在其爲王佐也故聖君或數世一遇聖臣則

千載寥寥明良喜起賡歌者誰寧不爲世道三嘆

夫聖學明矣道術一矣乃王佐不恒有者何也三代而上以德行教士其選舉卽以德行故士皆勉於禔脩雖巖築川釣之儔猶有懷仁義以待用後世以經術教士其進取則以辭章故士皆務於絺繪雖宏博俊偉之儒未必能超流俗而反求心性卑者華贍焉耳高者勳名焉耳故選舉之制不復辭章聲利之習弗變而欲求王佐於世必不可幾矣無王佐則聖治不興有王佐不遇聖君聖治亦不興然寧使王佐恒有以俟恭默之君毋寧使聖主

夢寐旁求恨不得良弼而用之也
今天下學宮所誦習皆聖人之學矣道術一宗孔氏
矣然訓詁祇文帖括踐履不副虛車聖學實未嘗
明也高論各標門戶微言多雜西竺道術實未嘗
一也以此悠悠士習卽或存心當世亦不過聰明
意氣之作用雖董賈汲魏諸臣猶不易得況有眞
王佐以輔聖君乎夫王佐所以輔君莫先於務聖
學傳說告高宗曰惟學遜志務時敏厥脩乃來成
王受學於周召曰敬之敬之學有緝熙於光明彼
其責難於君卽其實有諸己者也學傳說周召之

學克見而克由焉然後可語王佐

所謂典於學者何學也禮制心義制事聖敬之家學乎虞廷精一無二道乎哉志歛神以深入焉曰遜有一毫浮游之氣非遜也畢精竭力以篤行焉曰敏有一毫宴安之習非敏也遜與敏允懷以終始則聲色不邇貨利不殖寬仁彰信表正萬邦矣故曰厥德脩罔覺聖君所以爲聖王佐所以輔聖無出乎此矣

夫學者學爲聖人也學爲聖人者非獨善其身而已將學爲王佐上輔聖君爲堯舜下興聖治爲唐虞

也故曰予天民之先覺予將以斯道覺斯民也舜
何人予何人奮然與匹休焉厥后弗爲堯弗爲舜
悚然若撻市焉王佐德業所以大過人者此學此
志也
秦漢而後載籍博矣諸儒著述繁矣取良知一語以
提撕後學亦訓詁之良劑乎第持此高榜門戶謂
千載絕學於今始傳由慥慥君子觀之則其言近
誇焉耳予生也晚四十年前猶及見先民矩度言
恂恂而行質慤多湛文簡與鄒吕二公門人也其
後談悟談空日益衆以敝脩爲桎梏以超灑爲自

然矩度無復存矣故言學者謂辭章功利爲俗學也不言學者謂心性天人爲僞學也夫中和參贊聖學固自有真若驕語空悟妙清談無益於世則謂之僞亦宜鄒學本師新建乃言必居敬不盡從師語且欲捄其流弊葢所自得者深乎

周官分設六卿冢宰統百官均四海稱天官焉居其職者當以天自處至公無私覆也至明無私照也而後謂之天苟賢能不當其任銓叙不協其則天何以稱焉近世權歸政本有以啟白忤意者亦有臺諫噓薦致相拂戾者夫天之予奪人之所臧否

也閣部臺諫皆比肩事主固當相與謀度以求共
濟可則無嫌於同不可無嫌於異庶幾以公明盡
天職耳若可者故拒不可者强從也是謂失官同
乎已則喜異乎已則怒也是謂倖官律以協恭和
衷之誼均不能無過矣
國家量出制賦金花有額備上供也好用匪頒於是
乎給之有餘則以佐邊餉從來久矣自柄臣獻媚
盡取以歸內帑一切冠婚鉅費別索諸司農無敢
不敬應者計金花歲入百二十萬以四十年通計
則五千八百萬俱積之空虛無用而冠婚珠寶等

費不貲又數倍於昔皆借取於太倉老庫蓋額外
之索額外之供也藉令司農執故事以請曰此費
當出金花此費不當溢倍於舊三疏不從則以去
就爭焉知
聖主不爲轉圜乎乃一意將順不慮缾罍之罄至於
今搜括無策九圉呼庚癸試問當年主計之臣不
無赧顏于地下矣
國家歲漕東南粟輸於京師以供六軍萬姓之食費
鉅而力難矣如使畿甸之內及中州山東西三省
相水利以興稻田數百萬之粟可取諸左右手也

然而憚弗肯爲者人情安於襲故則創始難浮議
紛於道築則終事難也夫世無常治之運變或發
於不虞元人亦都燕矣咽喉一梗至告糴於齊寇
價十金一石自官闈及王公貴人鮮可以飽忠智
之臣宜蚤計於茲矣

往予叨鎮天津見海濱多荒鹻地遂以閩浙治海田
法試焉禾稼暢茂與南方稻田同冬收萬石豐穫
亦同乃上疏令水陸軍兵用力墾耕四之日舉趾
而予徼轉秩猶嚴督將卒播種毋惰至五月終得
代其冬報收六萬石不竊以爲二三年後可得二十

餘萬則可充餉金十四五萬若軍兵不能徧及則召募南人依法耕種而分收其半如官田法津河南北兩岸地奚啻數千項北岸自直沽東抵山海資源泉以溉者又數千項可增設一邑專理其事若歲收得二百餘萬則可當漕糧三之一從而改折可用以濟邊餉斯固事理之可必者也乃寻得省侍歸而事漸廢顧身既隱矣不復致一字於長安與華聽之後人我無容心焉矣

夫海濱荒地所種或蕎麥數莖或刈草供爨有主業者每畝稅不過三釐值不過二三錢今鹻瘠變爲

膏壤與江南稼穡之場無異利不待言矣稅歸官價給主民無所怨咨也所難者北方少雨其灌溉全用人力沿河地視河高五六尺先開溝澮一道當用水時合衆力車水滿澮然後分入溉田自北人情作者見之則以爲難若吳中固常事也吳中有用牛車以代人力者又聞淮揚有善爲風車用竹蓬數面隨風轉運更不用力者尚未召試云

嘗思南北氣運古今不同今人不見古之氣運遂相忘弗覺耳十二月二十四氣大撓氏之所作也其徵應宜在侯綏服以內吳越荆楚尚在要荒即大

◎

撓未必至乃今觀於北地曾有正月雨水應候乎有三月穀雨應候乎而江南或霪雨連旬至不覩春色何炎潤燥濕之懸殊也豈非古今氣運異耶濬畎及澮明載於書今中原竟無遺跡豈恒暘不雨畎澮無用其跡漸夷沒耶今欲爲稻田以盡地力不得於雨止取給於水矣然麥粟廣種薄收較稻田爲力稍佚奪其佚而强以勞民實難與慮始惟擇其地最下穫最薄值最廉者則勸爲之或給價收之而召南人耕種是謂因地利因人情勞民勸相惟在賢有司必擇其深知水利者選任焉功

成則不次超擢其督率屢省惟撫臣是賴蓋相度
脩築或不無動費若如先年別設治田御史恐一
柄兩操未有能濟者也夫燕趙齊魯晉宋之墟莫
不有水田可治分之則各省無多合之歲增穀奚
啻數百萬富民富國寧分上下顧未若天津以鹻
瘠棄土善用之近可充餉若無防海之兵或有兵
不可耕也惟有召募南人一法矣寬拜爵之令廣
招徠之方能墾種萬畝者予世蔭戶五千畝予世
千戶文秩則兩殿中翰其子弟來同居者聽入籍
應試事不勞而言可底績其在茲乎

夫夷狄之亂或乘內釁亦或生內釁也寇賊之興或因外侮亦或納外侮也爲國者不能綢繆於未雨凛戒於春氷致內外交訌而後圖之欲易危爲安不亦難乎晉宋之南渡也幸內無弄兵之赤子也然鐘簴一移陵寢宮闕化爲灰燼中夏冠裳竟淪腥羶禍不可言矣此　國朝安社稷之功當以于少保爲第一也

天惟至健故法象常運焉人惟至剛故德業日新焉志意之精明也仁賢之講習也雖有聲色之誘貨利之攻弗能爲心害矣紀綱之振肅也忠良之篤

棊也雖有水旱之災夷狄盜賊之警弗能爲國害
矣
夫閩浙吳越淮揚皆海國也當百川之會故可因水
以成膏壤淮揚接壤爲濟青登萊邇北爲河津爲
永平遼左何獨不然顧土俗人情狃於苟安不能
隨地疆理亦未講於生衆爲疾之說矣臨德二州
間爲九河下流其故迹多湮爲窪地旱則豐收潦
則成浸又有濟河小淸河皆直達於海倘善爲潴
洩如江南法合九河故迹可成稻田數千頃顧今
分流處皆隄塞以濟漕未可輕議也若河間雄漠

一帶沮洳相望爲溝澮以節宣之亦可數千頃其用力更易於津海矣

嘗聞先輩有爲吏極廉潔者歸而渡江中流値颶風大作舟人危甚請禱丁宗二神祈佑此公拒弗信問神何名舟人以丁蘭對曰孝子也必不予壽端坐如故已有緋衣神人現於舟上厲聲云吾乃宗某不祭立覆汝舟此公拱手自誦曰去時此行李還時此行李葬我此江中不媿此江水神遂不見風息舟濟無恙蓋廉吏能感神明若此抑神明故示靈異以彰廉吏耶詩曰神之聽之終和且平宜

志之爲好脩者勸

或問吏治寬猛何尚乎抑先猛後寬乎曰四氣遞運天之化也仁義教刑治之紀也寬猛亦何常用哉寬於署以外嚴於署以內寬以植善良嚴以戢姦橫夫能使舞文骫法之吏好暴嚚訟之徒凜若秋霜也能使無告窮民與無知赤子煦如春日也則可謂眞循良巳

仲尼祖堯舜者也爲仲尼之學祖堯舜而宗仲尼也堯舜之道執中而巳仲尼闡此中以詔來世而巳夫中天之命人之心也道心卽中故微妙精而察

焉匪直天理人欲之辨從天理中察其至中正至粹精也察之精斯守之一曰時中者何中無定用惟時是適執爲樞時爲運也言中復言誠者何惟誠故能精能一戒慎不睹恐懼不聞誠之至也誠至則中致和自中出時中之謂和也其闡中詔後世者何欲俾君爲堯臣爲舜而生人長被堯舜之澤也以曾君昏庸猶曰雖愚必明雖柔必强言精一人皆可學也夫道心人所自具顧存亡繫操舍耳一日戒慎恐懼此心便與堯舜仲尼相似能常存堯舜之心則何難繩武常存仲尼之心則何難

克家祖堯舜而宗仲尼豈異人任也
聖人惡鄉愿者惡其似德非德也反經云者反求於
一經德俾眞者明似者無淆亂耳反之有物有則以
原其固有而非外鑠也反之良知良能以驗其同
然而不緣學慮也反之平旦夜氣以觀其來復而
不終禽獸也此天地之恒性生人之恒經萬古如
一者也經德昭明於天下是謂經正無論豪傑之
士即庶民有不感發興起乎知性之本善也各從
性中求仁義矯揉仁義者退矣知堯舜之幸乎性
也各從性中求堯舜謂堯舜僞者遠矣邪慝何自

生焉故道性善即反經也曰我欲正人心者經正
也衛道脉而捄衰世無二說矣
君子之學以立誠爲本惟誠可以崇德惟誠可以廣
業聖人聞達之辨在質直好義一語而已直心爲
質與色莊異也義由衷好與襲取異也貌直而非
其質鄉愿之忠信乎行義而非其好鄉愿之廉潔
乎學者不從洗心處分別眞僞則察言觀色下人
者正闇然媚世之作用也
傅說曰惟斆學半古訓之所獲多聞之所求皆斆也
斆引其端允蹈焉惟學遜以入之斆以行之斆之

所得未離乎言語意見學而自得乃實脩於性情
實有諸身心也念終始典於學精神志慮無時非
學治民蒞政無事非學矣作聖作狂惟念念一則
德一念二三則德二三

念十念二三　順養二三

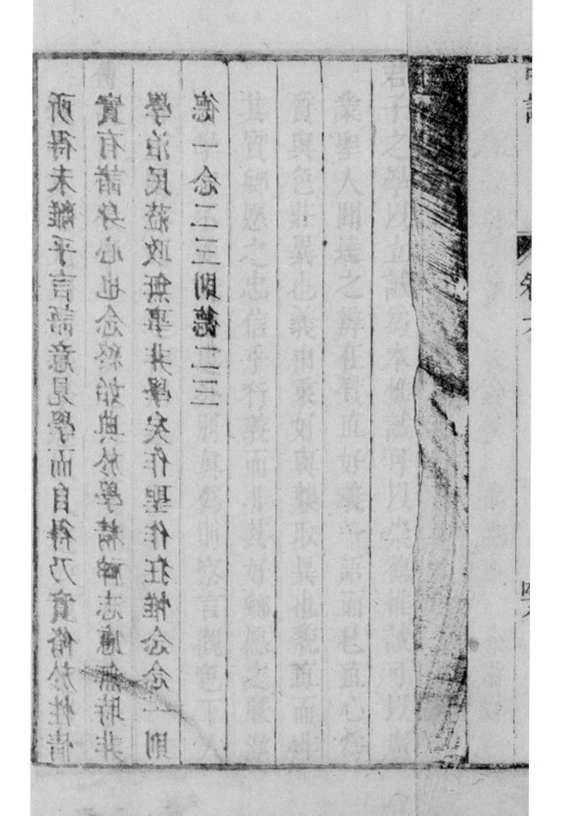

梫梓男元兆　元泰　元茂　元學

元壽　元會

弟侄德交　鳴元　鳴正　鳴高

思忠　一鯨　浚　奕芳

爾學　貞吉　正新　一儒

其澤　士廉　元吉　士懿

之桂　成龍　允龍　利賓

培洙　宗洙

門人程　陞　韓文炳　程丘憲　吳良佐

程元履　余紹元　胡建初　余紹祿

張永育　金之礪　程養麟　孫乾生
吳朝陽　王徵賢　王洪讚　吳尚賓
王繼茂　汪貴誠　王萬齡　王應辰
程道亨　程　洵　曹元麟　曹文榜
汪聯桂　曹光翰　葉正蕃　程仲舉
程維新　李藻春　胡應儁　程希縉
汪世恩　吳繼武　程士良　吳士琦
吳士琰　汪良棟　鮑觀國　徐德溥
祝崇一　孫立愛　汪鵬秋　汪家騄
查時中　曹時可　汪　駿　汪彥先

余鳴雷　江光甫　江弘量　江宗洛

方紹祖　方傳　余汝衢　黃龍見

吳懋奎　江帶河　葉繼申　汪國籌

江星僑　汪念祖　汪煥章　汪其賢

程元治　張銓　汪宗傳　苟天孳

許廷採　許廷喬